ACTIVA EL CIELO

JOHN ECKHARDT

CASA CREACIÓN
Para vivir la Palabra

Para vivir la Palabra

MANTÉNGANSE ALERTA;
PERMANEZCAN FIRMES EN LA FE;
SEAN VALIENTES Y FUERTES.
—1 CORINTIOS 16:13 (NVI)

Activa el cielo por John Eckhardt
Publicado por Casa Creación
Miami, Florida
www.casacreacion.com
©2022 Derechos reservados

ISBN: 978-1-955682-07-7
E-book ISBN: 978-1-955682-08-4

Desarrollo editorial: *Grupo Nivel Uno, Inc.*
Diseño interior: *Grupo Nivel Uno, Inc.*

Publicado originalmente en inglés bajo el título:
Activate Heaven
por Charisma House
600 Rinehart Road, Lake Mary, Florida 32746
Copyright © 2022 by John Eckhardt

Nota de la editorial: Aunque el autor hizo todo lo posible por proveer teléfonos y páginas de internet correctas al momento de la publicación de este libro, ni la editorial ni el autor se responsabilizan por errores o cambios que puedan surgir luego de haberse publicado.

Impreso en Colombia

22 23 24 25 26 LBS 9 8 7 6 5 4 3 2 1

CONTENIDO

EL PODER DE TU SONIDO

Ahora bien, ¿cómo invocarán a aquel en quien no han creído?
¿Y cómo creerán en aquel de quien no han oído?
¿Y cómo oirán si no hay quien les predique?
¿Y quién predicará sin ser enviado?
Así está escrito:
«¡Qué hermoso es recibir al mensajero que trae buenas nuevas!».
—ROMANOS 10:14-15

ME AGRADAN LOS predicadores. Sobre todo los que son fuertes y poderosos. Siempre he querido hacer algo especial para ellos. En una oportunidad, pensé organizar una conferencia de predicadores para animarlos y, por supuesto, reunir a algunos de mis expositores favoritos en un mismo auditorio. Hay cierto sonido característico que es propio de los buenos predicadores. Saben cómo usar sus voces para estimular el poder y la unción de Dios. Hay una variedad de tonos, ecos, efectos vocales, volumen y revelaciones que son diferentes para cada uno de ellos. Ese sonido distintivo te conmueve e inspira —como oyente que eres—, de modo que despliega tanto tus dones como tu creatividad.

Sin embargo, tengo algo que decirte en este tiempo que realmente aumentará tu comprensión y te desafiará: Dios también te ha dado una voz característica a ti. Hay cosas que Dios te ha instado a que hables y a que declares en la tierra que provocarán, a su vez, otras cosas en la vida de las personas que el enemigo trató de decirles que serían inquebrantables. Tú tienes un sonido al que, al igual que tu predicador favorito, el cielo responde. Puede que no te consideres predicador, no es necesario que todos lo sean. No es necesario tener un micrófono y estar de pie en un púlpito. No necesitas un gran megáfono. Pero a medida que comiences a ver más allá de tus limitaciones y uses el poder de tu voz, Dios la llevará a donde él quiere que vaya para que tenga el efecto para el que fue creada. De hecho, tu voz puede llegar a lugares a los que la de tu predicador favorito o la mía no pueden llegar. Y «predicarás» de maneras que solo tú puedes hacerlo.

Romanos 10:14 pregunta: «¿Y cómo oirán si no hay quien les predique?». La palabra griega para predicar aquí es *kŏryssŏ*, que significa *«anunciar»*, *«publicar»*, *«proclamar»*, *«ser heraldo»*, «transmitir, proclamar francamente: algo que se ha hecho», «la proclamación pública del evangelio y los asuntos que le conciernen». En otras palabras, la predicación no tiene que ver solo con pararse detrás de un púlpito con el fin de exponer un mensaje ante una congregación. La predicación consiste en usar tu voz en cualquier esfera pública con el objeto de proclamar el evangelio. Predicamos el evangelio escribiendo y publicando libros, profetizando, edificándonos y animándonos unos a otros, decretando y declarando las obras del reino en la tierra, tanto alabando como adorando. La forma en que «predicamos» surge de maneras que alinean nuestra voz, dones y llamamientos exclusivos con la voluntad y el plan de Dios; cosas que proclaman la bondad, la misericordia y el poder salvador de Dios. De modo que no se limita a lo que hacemos en la iglesia.

Hay mucho que hacer fuera de la iglesia, en el mercado, en las plazas, etc. De modo que, insisto, no me refiero solo a si eres un predicador o si estás llamado a ser un ministro multifacético. Este concepto de «predicación» se extiende a los empresarios, a la gente del mercado y a todos los ámbitos de la sociedad. Dios puede darte un mandato para operar en un sector de la sociedad ajeno a la típica esfera del ministerio. Así que quiero sentar las bases antes de que entremos de lleno a este mensaje: Dios te ha dado ciertos dones, talentos y habilidades que se unen para formar el sonido único que fue diseñado para ti. Dios ha colocado esta combinación única dentro de ti para que contribuyas al progreso de este planeta y de la humanidad.

Muchas personas viven sin hacer contribución alguna al progreso y al éxito de este planeta y de la humanidad. Muchos viven y mueren de manera egoísta, pensando solo en satisfacer sus propias necesidades y disfrutar de sus propias vidas, sin darse cuenta de que nacieron con un propósito. Ninguna vida fue creada por accidente. Descubrir y caminar en el propósito con el que fuimos creados es muy importante. Así que primero quiero establecer que tienes una voz y un lugar únicos en el mundo que, cuando se usa, trae el cielo a la tierra. Y cuando contribuyas al planeta y a la humanidad de acuerdo con la voluntad de Dios al encontrar tu propósito y caminar en él, dejarás una bendición y un legado en la tierra.

¿TIENES OÍDOS PARA ESCUCHAR?

Una de las cosas difíciles de enseñar con respecto a este tema es que muchos creyentes dudan en cuanto a usar la posición destacada que tienen en el mundo porque están esperando que el planeta se acabe. Sus voces son silenciadas y calladas, en tanto que sus dones permanecen dormidos porque tienen una mentalidad de fin del mundo. Creen que Dios está a punto de juzgar al planeta y de quemarlo, por lo que realmente no tienen un plan para contribuir a nada. Su objetivo, simplemente, es ir al cielo. Bueno, las Escrituras dicen en Mateo 5:5 y Salmos 37:11 que «los mansos heredarán la tierra». Y «los mansos» son «los que confían totalmente en Dios más que en sus propias fuerzas». Esto es lo que todos debemos ser.

Los que confiamos en el poder de Dios heredamos toda la tierra y debemos buscar el plan de Dios con respecto a cómo debemos contribuir a su éxito y al de toda la humanidad. Así que, conscientes de ello, también podemos ver cómo algunos de nosotros debemos ser liberados de las enseñanzas religiosas que nos han llevado a la creencia de que no sirve de nada contribuir aquí, ya que todo está a punto de terminar. Debemos dejar de pensar que realmente no hay nada que podamos hacer con respecto a la tierra y las cosas que suceden en ella, y que solo debemos esperar hasta que vayamos al cielo. Debemos hacer avanzar el reino de Dios, ocupando cada vez más territorio.

Jesús usó la parábola de los diez siervos para enseñarnos este principio de hacer crecer, invertir y administrar nuestros talentos y dones incluso mientras esperamos el cielo. Lucas 19:13 dice: «Llamó a diez de sus siervos y entregó a cada cual una buena cantidad de dinero. Les instruyó: Hagan negocio con este dinero hasta que yo vuelva». «Su señor le respondió: ¡Hiciste bien, siervo bueno y fiel! En lo poco has sido fiel; te pondré a cargo de mucho más. ¡Ven a compartir la felicidad de tu señor!» (Mateo 25:21). ¿O discutirás con Dios sobre lo que pensabas que él quería que hicieras con el tiempo y el talento que tienes aquí y ahora?

No me malinterpretes: creo en el cielo y creo que deberías querer ir allí. También creo que la razón por la que Dios te salvó, te redimió y te dio talentos, dones y habilidades es con el fin de que hagas algo para promover sus planes y sus propósitos: ser libertador y ser de bendición.

Debemos recordar que el mensaje de salvación, el evangelio, no es solo para que nos lleve al cielo, también es para que vivamos en victoria, dominio, poder y abundancia en esta vida. Juan 10:10 confirma esto. Jesús dice: «Yo he venido para que tengan vida, y para que la tengan en abundancia».

Otro desafío para el pueblo de Dios es saber a qué está llamado a hablar y cómo activar e incitar los dones a través de los cuales puedan hablar. Esto es lo que te llevará a descubrir el leer este libro.

Hay otra área que a menudo impide que las personas usen el poder de su voz, y es el aspecto de la vergüenza y el rechazo. Trataremos de esto en un capítulo posterior. Si alguna vez te han dicho que te calles o que te sientes, que tu voz no cuenta o que Dios no te escucha, serás libertado de esas palabras y habilitado para hablar como Dios te haga expresarla.

ESPECIAL Y LLAMADO

Hay muchas cosas que Dios quiere derramar en la vida de su pueblo con respecto a su autoridad, sus dones característicos y sus voces. Tenemos un efecto sobre lo que sucede en la tierra. La Primera Epístola de Pedro 4:10 dice: «Cada uno ponga al servicio de los demás el don que haya recibido, administrando fielmente la gracia de Dios en sus diversas formas». El maestro de Biblia Guy Duininck lo explicó de esta manera:

> La tarea específica que Dios asigna a cada creyente determina concretamente la gracia ministerial que él le otorga. Esta verdad es bellamente expresada por la interpretación de las palabras de Pablo cuando dijo: «Conforme a la gracia [la facultad especial para llevar a cabo la tarea] de Dios que me fue dada, yo, como sabio arquitecto, puse el fundamento...» (1 Corintios 3:10).
>
> En este contexto, el uso de la palabra «gracia» es muy preciso. Se refiere a la gracia como una «investidura especial para cumplir una tarea».
>
> Dios le había asignado a Pablo una tarea específica. Para que pudiera cumplir con ella, Dios lo dotó especialmente. La tarea de Pablo era sentar las bases espirituales como un sabio arquitecto. El don especial que le permitió cumplir con esa tarea fue la gracia ministerial que Dios le otorgó.

Israel era un pueblo escogido y especial (Deuteronomio 14:2). Moisés tenía una asignación especial y Dios le dio una vara especial (Éxodo 4:2). Sansón era un niño especial y Dios le dio una fuerza especial (Jueces 13:5; 16:16-17). José tenía una túnica especial (Génesis 37:3) y una asignación especial para la cual Dios le dio el don especial de interpretar sueños (Génesis 39—41). Bezaleel recibió un don especial para diseñar partes del tabernáculo (Éxodo 31:1-5). Elías fue un profeta especial y Dios le dio una fe especial para cerrar los cielos (1 Reyes 17). Dios le dio a Ester un favor especial debido a su asignación (Ester 5). Juan el Bautista vestía una prenda especial (Mateo 3: 4), que algunos eruditos creen que era la forma en que «revivía la apariencia exterior de Elías», «de quien era copia». La prenda significaba la singularidad de su llamado como profeta precursor. El apóstol Pablo tenía una asignación especial y Dios realizó milagros especiales a través de él (Hechos 19:11). El apóstol Juan tuvo una visión especial en la isla de Patmos (Apocalipsis 1).

«Con tan gran nube de testigos» (Hebreos 12:1), has sido escogido por Dios para hacer algo significativo, algo que haga avanzar el reino, algo especial.

ENCUENTRA TU VOZ: ¿CÓMO PREDICAS?

Vamos a hablar sobre el propósito, sobre cómo encontrar tu llamado, tu destino y la voluntad de Dios para tu vida. La vida de todos predica, pero no todos nos oímos, miramos u operamos de la misma manera. Necesitas conocer tus dones característicos y lo que Dios te ha impartido para predicar el cielo a las vidas llenas de infierno. A través de libros como este, puedes recibir ministerio, impartición, activación y liberación. Compraste este libro, te estás conectando conmigo y ahora tengo un papel que desempeñar para ayudarte a descubrir el propósito y el plan de Dios para tu vida. Tengo la responsabilidad de profetizar, impartir y activar la palabra del Señor que puede estar latente o simplemente fructificar en tu ser.

Descubrir el plan de Dios con respecto a tu forma única de liberar tu voz no es tan difícil como podrías haber pensado. Muchas personas tropiezan a lo largo de la vida al tratar de averiguar a qué les ha llamado Dios, a qué hacer y cómo desea que lo hagan. «¿Cuál es mi propósito?», preguntarán una y otra vez. «¿Cuál es el plan de Dios para mi vida? Me cuesta entenderlo. ¿Voy a hacer esto? ¿Voy a hacer aquello? ¿En qué debería concentrarme? ¿A qué debo dedicar mi tiempo?».

Quizás esta también sea tu lucha. Creo que puedes conocer la voluntad de Dios para ti, descubrirla no es tan difícil como piensas. Este libro te dará un consejo bíblico y una poderosa instrucción de la palabra del Señor. Juntos vamos a creerle a Dios que algo sobrenatural va a ser derramado en tu vida.

Oro en este día para que Dios me dé sabiduría, unción y la capacidad de expresar lo que hay en mi corazón para que tengas ojos para ver, oídos para oír y un corazón para comprender los mensajes que se publicarán en estas páginas en cuanto a la manera en que debes encontrar tu voz, el llamado de Dios y el propósito divino a tu vida.

PREPÁRATE PARA QUITARTE EL BOZAL

No eres un hombre —o una mujer— más atrapado en el planeta. Estás sentado en lugares celestiales en Cristo. ¿Has escuchado el refrán que dice: «Tienes una mentalidad tan celestial que no eres un bien terrenal»? No creo eso. Si tienes una mentalidad celestial, haces mucho bien en la tierra. El problema es que no tenemos suficientes personas con mentalidad celestial que conozcan su identidad y su autoridad en Cristo, que sepan el poder que sus voces tienen para traer el cielo a la tierra. Nos acostumbramos tanto a nuestras oraciones rutinarias, a las llamadas de oración y a los círculos de oración entre las cuatro paredes de la iglesia que olvidamos la efectividad de nuestras palabras y el poder de nuestras voces en la tierra. Cuando los creyentes hablan la palabra del Señor suceden cosas interesantes.

Es hora de que la voz del cielo se escuche en la tierra. Que esta sea una nueva temporada en la que nos quitemos el bozal y comencemos a sentir la palabra del Señor ardiendo dentro de nosotros como un fuego que consume nuestros huesos.

Algunas cosas no sucederán hasta que abras tu boca. Tu voz trae el cielo a la tierra. Cuando abres la boca, el cielo habla. Cuando profetizas, el cielo habla. Cuando hablas por el Espíritu de Dios, el cielo habla. No importa cuán furioso parezca que está el infierno; cuando abres la boca, el cielo se hace manifiesto.

Cuando abres la boca, los enfermos se sanan y los demonios huyen. Suceden milagros y las finanzas fluyen. Cuando hablas, las situaciones cambian. Tu voz rompe todo yugo y toda barrera.

Hablar la voluntad de Dios, hablar lo que es del cielo, es el eje profético del reino. Por lo tanto, deja de quejarte y comienza a profetizar. Deja de hablar de lo malo que eres y comienza a abrir la boca y a declarar que mientras hablas, el cielo se manifiesta.

Cuando tú apareces, aparece el cielo. Traes la gloria de Dios. Traes poder. Traes el cielo. Traes el Nombre que está sobre todo nombre.

Este libro te impartirá el poder de la voz del creyente que hace avanzar el reino de Dios. Aprenderás a hablar con la virtud de Cristo, virtud que trae sanidad, liberación y salvación. Cuando estos ministerios milagrosos entran en funcionamiento es que se predica el evangelio. La forma en que Dios te ha llamado a participar en estos ministerios milagrosos muestra las numerosas y exclusivas maneras en que se puede predicar el evangelio. También aprenderás acerca de la autoridad de tu voz para detener y revertir las cosas del infierno, esas que vienen a tratar de silenciarte. La depresión, la tristeza, la pobreza, la enfermedad, la derrota, el suicidio, la locura, el doble ánimo, la confusión, el rechazo, la rebelión, el dolor, el sufrimiento y más tienen que irse. Si estos espíritus demoníacos han entrado en ti y te han robado la confianza para hablar con poder y autoridad, aprenderás cómo recuperar tu voz y caminar con libertad.

Obtendrás un nuevo entendimiento, uno que revela la conexión profética entre los cielos y tú, lo que la Biblia dice que declara o proclama la gloria de Dios. Debido a esa revelación, surgirá en ti una audacia renovada que te obligará a responder al llamado de Macedonia. Entonces aprenderás a gestionar la lengua para amar la sabiduría y la instrucción.

Es hora de romper el silencio y ser liberado con una nueva audacia y confianza para predicar el evangelio de la manera distinguida en que Dios te ha llamado. Tu voz puede llegar a lugares que nunca imaginaste. Tus palabras se pueden escuchar en naciones que nunca has visitado. Aunque el enemigo haya tratado de limitar tu voz, esta no se limita a tu casa, tu dormitorio ni a tu ducha.

Es posible que te hayan dicho que te calles, que no tienes nada valioso que decir, pero Dios quiere usar tu voz. Él ha puesto en tu boca una palabra de salvación. Él ha puesto una oración de gran avance en tus labios y un mensaje profético de salvación y sanidad en tu lengua. Tu voz tiene poder.

Es hora de que se escuche tu voz.

CAPÍTULO 1

LOS CIELOS DECLARAN: USTEDES SON LOS CIELOS

Los cielos cuentan la gloria de Dios, el firmamento
proclama la obra de sus manos.
—SALMOS 19:1

NO ES UNA revelación común que la expresión «los cielos», en este versículo, también se refiera a los creyentes. Muchos entienden que hay tipos y símbolos en el lenguaje profético, pero pocos han descubierto la conexión entre los cielos que declaran la gloria de Dios y los creyentes que usan sus voces y sus palabras para proclamar esa gloria de Dios en la tierra. Esta es realmente una revelación asombrosa en la Palabra de Dios en cuanto al poder de nuestras voces y las palabras que pronunciamos.

Empecé a estudiar este tema hace un tiempo. Al dedicarme a ello, también comencé a escribir. Con esfuerzo, llegué a recopilar muchas investigaciones, pensamientos e ideas sobre esta revelación; por lo que me decidí a predicar sobre el tema. Las personas que han recibido este mensaje han disfrutado mucha libertad; personas que, reconozco, se han sentido silenciadas, amordazadas, impedidas e ignoradas. Creo que también te llegará una nueva libertad a medida que recibas esta revelación. Comprender la posición que tienes en los lugares celestiales y lo que eso significa para ti en el trayecto de tu existencia en la tierra tendrá un efecto profundo en el modo en que has de responder al llamado que Dios te extiende.

A lo largo de este capítulo, mostraré varios versículos para destacar esta revelación. El texto principal en que baso mi exposición es el Salmo 19, pero comenzaré con un versículo familiar de Romanos.

> Así que la fe es por el oír, y el oír, por la palabra de Dios.
>
> —Romanos 10:17

Es probable que hayas escuchado este versículo cientos de veces. A mí se me hizo familiar porque era uno de los principales versículos a los que se hace referencia en el movimiento Palabra de Fe, en el que participé a principios de la década de 1980. En esencia, ese movimiento confirma que —si quieres tener fe— debes escuchar la Palabra de Dios a través de alguien que la predique o que la hable por tu boca. Eso parece bastante sencillo. Luego, el siguiente versículo dice:

> Pero pregunto: ¿Acaso no oyeron? ¡Claro que sí! «Por toda la tierra se difundió su voz, ¡sus palabras llegan hasta los confines del mundo!».
>
> —Romanos 10:18

Aquí, Pablo estaba diciendo que, en su generación, el evangelio había sido predicado hasta los confines del mundo conocido en ese momento particular, refiriéndose principalmente al mundo romano, que incluía toda Europa, Medio Oriente, partes de Asia y partes del norte de África, lo que conocemos como el imperio romano. En la mayor parte de ese mundo de aquella época, tanto judíos como gentiles, ya se había escuchado el evangelio.

Los apóstoles fueron enviados a todas esas naciones. Pablo fue a Roma. Tenía ganas de ir a España y posiblemente a Francia, que se llamaba Galia, pero no se sabe si lo logró. Él y los apóstoles fueron enviados a toda Asia Menor, África del Norte y hasta Babilonia. Predicaron el evangelio en esas regiones y, además, establecieron iglesias.

De modo que estaba escribiendo y, a la vez, preguntando: ¿Cómo podrían todas esas personas escuchar el evangelio sin que hubiera un predicador? Además, ¿cómo podrían proclamar el evangelio los predicadores (que eran los mismos apóstoles, en ese momento) si no eran enviados? Porque «la fe viene como resultado de oír el mensaje, y el mensaje que se oye es la palabra de Cristo. Pero pregunto: ¿Acaso no oyeron?» (Romanos 10:17-18). Y la respuesta fue: «¡Claro que sí! Por toda la tierra se difundió su voz, ¡sus palabras llegan hasta los confines del mundo!» (Romanos 10:18). Los apóstoles habían estado predicando el evangelio al mundo conocido, por lo que hubo un verdadero mover de Dios en el primer siglo.

Sin embargo, lo que no se discute a menudo —y es muy interesante acerca de este pasaje en Romanos 10— es que el versículo 18 se toma del Salmo 19:4, todos excepto una palabra. El Libro de Romanos dice:

> Por toda la tierra ha salido la voz de ellos, y hasta los fines de la tierra sus palabras.
>
> —Romanos 10:18, RVR1960

Como vimos anteriormente, la Biblia Nueva Versión Internacional dice:

> Por toda la tierra se difundió su *voz*, ¡sus palabras llegan hasta los confines del mundo!
>
> —Romanos 10:18, énfasis añadido

El Libro de los Salmos dice:

> Por toda la tierra resuena su eco, ¡sus palabras llegan hasta los confines del mundo!
>
> —Salmos 19:4

La versión RVR1960 dice:

> Por toda la tierra salió su *voz*, y hasta el extremo del mundo sus palabras.
>
> —Salmos 19:4, énfasis añadido

Eco. Voz. Resuena. La palabra hebrea traducida como *voz* en el Salmo 19:4 se relaciona con «una nota musical o acorde»; con «la cuerda de un arpa; de lo cual se deduce que resulta un sonido». La palabra griega traducida como «voz» o «sonido» en Romanos 10:18 se usa para simbolizar el «sonido musical, ya sea vocal o instrumental»; «pronunciación».

Cuando la persona común lee el Salmo 19, es posible que no lo vea como una representación del evangelio que se está predicando. Pero es evidente que cuando Pablo lo leyó, el Espíritu de Dios le abrió los ojos y el entendimiento y le dijo que ese era el cumplimiento de un versículo del Salmo 19.

Echemos un vistazo a los primeros cuatro versículos de este salmo y observemos lo que nos dicen:

> Los cielos cuentan la gloria de Dios, el firmamento proclama la obra de sus manos. Un día transmite al otro la noticia, una noche a la otra comparte su saber. Sin palabras, sin lenguaje, sin una voz perceptible, por toda la tierra resuena su eco, ¡sus palabras llegan hasta los confines del mundo! Dios ha plantado en los cielos un pabellón para el sol.
>
> —Salmos 19:1-4

Solía leer este salmo y pensar que se refería literalmente a los cuerpos celestes que Dios creó —el sol, la luna y las estrellas— y que el salmista estaba diciendo que la existencia milagrosa de esas creaciones y el hecho de que colgaban del cielo, testificaban de la gloria de Dios. Creo que esa es una buena interpretación. Cuando observas los cielos, estos declaran la gloria de Dios. Sí, eso es cierto.

Recuerdo haber hablado con un predicador que creció en Bulgaria, país que una vez fue una nación comunista. Él me dijo que en el desarrollo de su niñez y de su juventud nunca le enseñaron nada acerca de Dios. En aquella época era un delito predicar el evangelio en Bulgaria. Pero una vez, cuando miró al cielo, dijo que se dio cuenta de que había un Dios, que existía un Dios. Aunque puede que se aprueben leyes que intenten detener la predicación del evangelio, no se puede evitar que las estrellas resplandezcan. No puedes dejar fuera a Dios, porque todo lo que tienes que hacer es mirar al cielo y ver el sol, la luna, las estrellas; ellos declaran la gloria de Dios; hablan por Dios.

El predicador búlgaro continuó diciendo que, aunque era contrario a la ley escuchar o predicar acerca de Dios, sabía que su gobierno le estaba mintiendo. A través del testimonio de las estrellas, el sol y la luna, Dios comenzó a tratar con él. Hasta que llegó el momento en que recibió la salvación y se convirtió en predicador.

Al igual que ese predicador, siempre he visto el Salmo 19 como el maravilloso expositor que declara que los cielos (el sol, la luna y las estrellas) son testimonios de la gloria de Dios. Lo que es interesante, sin embargo, es que los versículos 2 y 3 dicen: «Un día transmite al otro la noticia, una noche a la otra comparte su saber. Sin palabras, sin lenguaje, sin una voz perceptible». Parece como si el salmista estuviera profetizando acerca de algo más grande, algo más que simplemente el sol, la luna y las estrellas, porque comienza a hablar de la voz de estos.

El salmo continúa: «Por toda la tierra salió su voz, y hasta el extremo del mundo sus palabras» (v. 4, RVR1960). Como mostré anteriormente, esta es la parte del pasaje que Pablo cita en Romanos 10:18 con respecto a la predicación del evangelio. Él vio, en calidad de apóstol y por revelación divina, que el Salmo 19 era una profecía del evangelio que se predicaba en toda la tierra. De eso es que se trata la predicación real del evangelio: del sonido de las voces de los predicadores del evangelio, lo que hace que la fe surja cuando se escucha. Por tanto, este salmo no solo habla del sol, la luna y las estrellas. Este salmo es una proclamación sobre el día en que la voz del predicador se oirá en todas las naciones.

Al leer esto, mis preguntas fueron: ¿Por qué Pablo comenzaría escribiendo sobre los cielos declarando la gloria de Dios y luego cambiaría a la voz del predicador y su discurso por todo el mundo? ¿Cuál es la conexión entre los cielos y la voz del predicador? ¿Por qué Pablo citaría una palabra profética del Salmo 19 en Romanos 10 y la correlacionaría con la predicación del evangelio? ¿Cómo se relaciona Romanos 10:18 con los cielos declarando la gloria de Dios? ¿Por qué Pablo citaría ese versículo en particular?

Según el *Greek Lexicon de Thayer*, «Pablo transfiere lo que se dice en el Salmo 18:5 (Salmo 19:5) a las voces de los predicadores del evangelio». ¿Quiénes son los predicadores del evangelio? Según Mateo 24:14 y Marcos 16:15, nosotros —como discípulos de Cristo— somos «los predicadores».

Por eso es que necesitamos la revelación. Hay algunos pasajes que, en apariencia, dicen algo que comprendemos de manera fácil, pero nuestras mentes no comprenden por completo el significado más profundo de ellos. Necesitamos que el Espíritu de Dios nos descubra esos misterios, ya que algunas escrituras dicen algo un poco diferente de lo que normalmente pensamos.

Así que ahora, al ver a Pablo poner el Salmo 19 en el contexto de la predicación del evangelio, puedes entender que —por supuesto— el sol, la luna y las estrellas resplandecen en todas partes. No hay lugar en el que no brillen. Sin embargo, ¿podría ser que a veces el Señor use el vocablo «cielos» no solo para referirse a las alturas celestiales sino también para referirse a su pueblo? ¿Sería que al conectar esto con la voz del creyente, que es enviada por Dios y comisionada por él, no hay lugar donde *nuestras* voces no sean escuchadas?

Eso me ha abierto los ojos a mí como a muchos otros para explorar la posibilidad de que no sean solo los cielos los que declaran, sino también tú el que declaras, tú el que hablas, tú el que proclamas, tú el que anuncias, tú el que confirmas y tú el que anuncias el evangelio salvador del reino. Veo eso como otra expresión de nuestra identidad como creyentes. Así fue como empecé a declarar: «Yo soy los cielos». Tú eres los cielos sobre los que estaba escribiendo el salmista. A través de la transferencia de Pablo, como señala *Thayer*, tú y yo, nuestras voces, somos los cielos que brillan y declaran la gloria de Dios, los mismos que recorren la tierra. Varios pasajes más de los salmos también hablan acerca de este hermoso tema.

El Salmo 89:5 dice: «Los cielos, Señor, celebran tus maravillas». O sea, que los cielos alaban. El Salmo 96:11 dice: «Alégrense los cielos», es decir, tienen sentimientos. Luego el Salmo 148:1 indica: «Alaben al Señor desde los cielos, alábenlo desde las alturas». Y entonces el versículo 4 de ese mismo capítulo señala: «Alábenlo ustedes, altísimos cielos, y ustedes, las aguas que están sobre los cielos». Luego, el Salmo 103:19 dice: «El Señor ha establecido su trono en el cielo; su reinado domina sobre todos». Este último versículo es interesante, porque según Lucas 17:21, el reino de Dios está en nosotros. El reino tiene un trono y el Salmo 103:19 nos hace saber que el trono está en los cielos, que según la revelación del nuevo pacto de Pablo somos nosotros mismos.

De modo que los paralelos entre la voz y la identidad de un creyente en Cristo y la declaración de los cielos habla de la naturaleza distintiva del lenguaje profético. Si recuerdas, el lenguaje profético nos da una idea acerca de los arquetipos bíblicos y las sombras del antiguo pacto, así como también sobre la manera en que predijeron las realidades del nuevo pacto cumplidas a través de Cristo. La ley, la Pascua, el Pentecostés, el Día de la Expiación, las leyes alimenticias, la circuncisión, el Sábado y cosas por el estilo, eran todas sombras, arquetipos, símbolos. Sin embargo, Cristo nos trajo la realidad y la plenitud de esas leyes, esas costumbres y esas ordenanzas del Antiguo Testamento.

Creo, en lo personal —y me sumo a lo que afirma el autor de la Carta a los Hebreos—, que esa declaración de los cielos sirve como «figura y sombra de las cosas celestiales» (Hebreos 8:5, RVR1960) y señala, además, que eso es «sombra de los bienes venideros» (Hebreos 10:1) para «hacer perfectos a los que adoran», es decir, el pueblo de Dios. Por eso, cuando el Salmo 19 menciona el sol, la luna y las estrellas, creo que no se está refiriendo a «la imagen misma de las cosas» (Hebreos 10:1, RVR1960), sino al hecho de que son tipos y sombras de lo que somos en Cristo.

Vemos esto más adelante en Daniel 4:26, que dice: «La orden de dejar el tocón y las raíces del árbol quiere decir que Su Majestad recibirá nuevamente el reino, cuando haya reconocido que el verdadero reino es el del cielo». Los cielos gobiernan. Los cielos alaban. Los cielos se regocijan. Así como nosotros, que también alabamos, gobernamos y nos regocijamos.

Así que estas referencias a los cielos declarando la gloria de Dios, los cielos alabando, gobernando, regocijándose y hablando no son solo sobre las realidades físicas de los cielos, sino que también apuntan a las realidades espirituales que existen en cuanto al pueblo de Dios. A través de este lenguaje profético se nos está dando una mayor profundidad sobre lo que somos y dónde se encuentra nuestro ámbito de autoridad. Nuestro sonido y nuestra voz se escuchan en todo el mundo. Las Escrituras dicen que estamos sentados en los lugares celestiales en Cristo Jesús (Efesios 2:6). Esa es nuestra posición. El reino de Dios es del cielo y está en nosotros.

Mientras meditaba en los versículos que dicen: «Alabad al Señor, cielos», miraba al firmamento y preguntaba: «¿Están alabando a Dios? ¿Están el sol, la luna y las estrellas aplaudiendo y alabando a

Dios?». En ese momento de reflexión pensé en la forma en que la Biblia indica que los árboles aplauden (Isaías 55:12), cómo nos llama «árboles de justicia» (Isaías 61:3) o cuando dice: «¡Brame el mar y todo lo que él contiene; el mundo y todos sus habitantes!» (Salmos 98:7). El mar representa a las naciones. Al leer el versículo con detenimiento, vemos como que nos está diciendo: «Bramen naciones». No obstante, podemos pensar que la Escritura es aun más específica al señalar: «Bramen sus habitantes».

Así que, insisto, ver la conexión entre el Salmo 19:4 y Romanos 10:18 —la declaración de los cielos y la voz del predicador y la del creyente— nos hace comprender la terminología profética que, en ocasiones, no captamos. A veces tratamos de entender las Escrituras, pero no comprendemos el lenguaje profético, por lo que leemos todo al pie de la letra.

CUANDO TÚ HABLAS, EL CIELO HABLA

A veces no nos damos cuenta de lo que somos hasta que el Espíritu de Dios nos lo muestra en las Escrituras. La revelación que tuvo Pablo con respecto al Salmo 19 tiene como propósito ulterior el hecho de que sepas que no eres cualquier cosa. Permíteme que te lo diga de esta manera: cuando hablas por el Espíritu de Dios, es el cielo el que está hablando. Es el cielo el que está declarando. Es el cielo el que está pronunciando su voz. Es el cielo el que está decretando. Por ello, como vimos en el Salmo 103:19, el cielo gobierna sobre todo, lo que significa que nosotros —como pueblo de Dios— caminamos en autoridad.

En lo natural, los cielos dominan la tierra. Pero en lo espiritual, nosotros somos los cielos que gobiernan la tierra. Es hora de que el pueblo de Dios se dé cuenta de que no somos una persona más atrapada en este planeta. Estamos sentados en lugares celestiales en Cristo. Nosotros, tú y yo, somos los cielos de los que Dios habló; por lo tanto, es hora de que la voz del cielo se escuche en la tierra. Ha sido suficiente escuchar la voz de la tierra. Es hora de que se escuche la voz del cielo y nosotros —tú y yo— somos esa voz del cielo.

HABLA COMO DIOS HABLA A TRAVÉS DE TI

Cuando abres tu boca por el Espíritu de Dios, no eres tú el que habla, es Dios. Vayas donde vayas, debes llevar al cielo contigo. No importa cuánto infierno haya intentado introducir el enemigo; cuando abres la boca, el cielo se manifiesta. Cuando abres la boca por el Espíritu de Dios, los enfermos se curan, los demonios tiemblan y huyen, suceden milagros y las finanzas fluyen en abundancia. Cuando el cielo se involucra en todo lo que haces, dices y eres, no importa cuán complicada sea la situación, las cosas comienzan a cambiar.

La unción del cielo rompe todo yugo. Destruye todas las barreras. La gente necesita esa palabra del cielo. Cuando abres la boca y dejas de quejarte para comenzar a profetizar, aparece el cielo. Deja de hablar de lo malo que están las cosas y comienza a abrir tu boca personificando los cielos y declara la palabra del Señor.

Debes saber que cuando entras en la vida de alguien, el cielo se manifiesta a través de ti. Como dije en la introducción, portas la gloria y el poder de Dios. Eres portador de la autoridad del cielo. Cuando tú, como hijo de Dios, apareces en escena, es el cielo el que aparece. Leemos en la Biblia que los cielos gobiernan sobre todo. Lo que eso me dice es que no importa cuántos demonios haya alrededor, cuando tú apareces, ellos tienen que huir.

¿Alguna vez has escuchado a alguien decir: «Mi vida es un infierno»? No debes concordar con esa clase de pensamientos. Declara que tú —tu persona— eres los cielos y que cuando apareces, es el cielo el que se manifiesta. Hay ocasiones en las que, por nuestro deseo de mostrar empatía y compasión con los demás, minimizamos el poder que reside dentro de nosotros. No permitas que los demonios del infierno controlen tu vida. Declara la gloria, la prosperidad, la unción, la sanidad, el poder, el gozo, la salvación, la alabanza, la adoración, el baile, la celebración, la unción, la presencia de Dios y la Palabra de Dios sobre tu vida. Estas son las cosas del cielo. Estas son las cosas que deberían seguirte a dondequiera que vayas.

DEBES SABER QUIÉN ERES

Es muy importante que entiendas esto, puesto que el diablo hará que pienses y sientas que solo eres una persona más aquí abajo tratando de lograr algo. No es así. El reino de Dios, que es el cielo, reside en ti. Los problemas que experimentamos con tanta frecuencia se reducen al hecho de que no conocemos nuestra identidad plena en Cristo. Es más, en realidad, no sabemos quiénes somos. No sabemos qué sucede realmente cuando abrimos la boca. No sabemos qué sucede, en verdad, cuando comenzamos a cantar sobre la unción de Dios. No entendemos lo que realmente está sucediendo cuando profetizamos. Podemos acostumbrarnos tanto a las actividades espirituales que simplemente las damos por hechas y nos olvidamos del poder que tenemos en nuestras voces.

El diablo sabe eso y lo usa con el fin de tratar de ponernos un bozal en la boca. Intenta hacernos pensar que no podemos decir nada o que, si lo hacemos, eso no tendrá efecto alguno. Sin embargo oro para que, si intentas callar, te sientas como Jeremías, como si hubiera fuego ardiendo en tus huesos.

> Si digo: «No me acordaré más de él, ni hablaré más en su nombre», entonces su palabra en mi interior se vuelve un fuego ardiente que me cala hasta los huesos. He hecho todo lo posible por contenerla, pero ya no puedo más.
> —Jeremías 20:9

Debes saber que el enemigo usa cada persona y cada circunstancia que puede para instarte a que te quedes quieto y a que no digas nada, pero no puedes callar al cielo. Esos son artificios del enemigo que trata de limitar tu voz comunicándote que ella no es importante, que no puedes llegar muy lejos, que estás limitado a predicar un pequeño sermón a un minúsculo grupo de personas que no conocen el poder del cielo en tu voz.

Lo que está sucediendo ahora, y hay algunas cosas no muy buenas al respecto, es que todas las personas tienen un teléfono y su propio programa de «televisión», trátese de Facebook Live, Instagram Live, YouTube, Periscope o muchos otros. No hay razón para que ninguno de nosotros permanezca en silencio cuando Dios ha puesto una palabra en nuestra boca.

ABRE LA BOCA

Dios te ha dado una voz que repercute en los cielos y estoy escribiendo este libro para ayudarte a activar esa voz. Esa voz activa muchas cosas en nuestras vidas, cosas que desconoces. Algunas de ellas no sucederán hasta que abras tu boca. Como dice Job 22:28, determinarás o decretarás una cosa y será establecida. Puedes hablar con las montañas, moverlas y arrojarlas al mar. Las montañas te obedecerán. Hay algunas cosas que no suceden hasta que el cielo habla. No te sientes a esperar ni te quedes callado. Es mejor que aprendas a responderle al diablo. Es mejor que aprendas a reprenderlo y a usar tu autoridad sobre las montañas que él ponga en tu camino. Es mejor que aprendas a abrir la boca y a profetizar, puesto que algunas cosas no sucederán hasta que tu voz se libere.

Dios te va a quitar el bozal de la boca. Él romperá ese espíritu de miedo que te impide decir lo que él quiere que digas. Él va a romper esa asignación del infierno contra tu voz y la de los principales demonios contra nuestras voces.

En este momento, el diablo puede hacer que tengas miedo de decir lo que Dios dice, pero no te dejes vencer. Debes hablar con valentía y arrojo. Debes hablar con fe (en otro capítulo enseñaré más sobre virtudes como la fe y cómo hacen que vayamos por buen camino con Dios).

En un tiempo, solía predicar temas que iban en contra de lo que se predicaba por tradición; me daba pánico hacer eso ya que pensaba que tendría consecuencias negativas para mí. Hasta que un día dije: «Dios, si digo esto, me voy a meter en problemas».

Entonces Dios me dijo: «Dilo».

Así que cuando prediqué ese mensaje, me di cuenta de lo errado que estaba en cuanto a las consecuencias que yo podría sufrir. Ese mensaje trajo liberación y sanidad a las personas que lo escucharon. No fue un mensaje sencillo. Era una palabra que podría haber llevado a la gente a quejarse en contra de mí y a enviarme todo tipo de críticas y reproches.

Los que siguieron a Jesús lo oyeron decir cosas como: «Porque mi carne es verdadera comida y mi sangre es verdadera bebida. El que come mi carne y bebe mi sangre permanece en mí y yo en él» (Juan 6:55-56). Vemos las palabras de Jesús como simbólicas, pero sus discípulos las tomaron al pie de la letra: «Al escucharlo, muchos de sus discípulos exclamaron: "Esta enseñanza es muy difícil; ¿quién puede aceptarla?"» (v. 60). ¿Qué hombre de Dios le pediría a la gente que coma carne humana, que practique el canibalismo? Jesús dijo cosas que la gente no podía entender ni lidiar con ellas.

Sin embargo, Dios te dio una voz; de modo que cuando abres tu boca y la usas, la gente es liberada, sanada y restaurada. Tu voz seguro que molestará a los demonios, porque tú eres el cielo. Cuando el cielo habla, los demonios manifiestan su odio. Se necesita una voz que hable con la autoridad del cielo para expulsar los demonios y decirles: «Sal fuera».

Jesús habló a los vientos y las olas porque sabía quién era él. Por eso debes sentirte cómodo con el sonido de tu voz, es la única forma en que debes declarar la gloria de Dios. Eso es lo que descubriremos a lo largo de este libro. Pero antes de continuar, hagamos algunos decretos.

LIBERACIÓN DE LOS ATAQUES CONTRA TU VOZ

Quiero que pongas tu mano sobre tu laringe y leas estos decretos en voz alta:

En el nombre de Jesús, viene una nueva unción a mi voz y a mis palabras.

_____

Recibo una unción fresca para hablar como oráculo de Dios.

_____

A partir de este día, cuando abra la boca, creo que se manifestarán milagros. Cada vez que abra la boca, espero un milagro.

Tus finanzas están a punto de cambiar. Tu mente está a punto de cambiar. Tu familia está a punto de cambiar. Tu ministerio está a punto de cambiar. Profetizarás a tu ciudad o a tu nación; y el gobierno y la economía cambiarán, porque abriste la boca y lo decretaste.

El Señor está diciendo que tu voz está a punto de cambiar las cosas.

A continuación, ora:

Señor, gracias por liberar mi voz. A todo demonio que ha venido en contra de mi voz le digo: te reprendo, en el nombre de Jesús. No puedes matar mi voz. No puedes detener mi voz. No puedes entorpecer mi voz. Espíritu maligno que has atacado mi voz, te reprendo. Mi voz es libre, en el nombre de Jesús. Amén.

CAPÍTULO 2

EL MANDATO MACEDONIO

*«Durante la noche Pablo tuvo una visión en la que un hombre de
Macedonia, puesto de pie, le rogaba: Pasa a Macedonia y ayúdanos».*
—HECHOS 16:9

A MEDIDA QUE TU voz es calibrada para traer bendición, liberación y el shalom del cielo, tu sonido es necesario en todos los rincones de la tierra. En la época en que vivimos, la construcción de una plataforma parece estar en la mente de todas las personas. Participar en Facebook Live para predicar, cantar y capacitar a cualquiera que navega por ese medio —y por otros— intentando escuchar lo que le interesa, es lo que muchos están haciendo con el objeto de llegar a la mayor cantidad de personas posible. Desean hacer llegar su mensaje a todos los que puedan. A menudo, eso puede llegar a convertirse en algo competitivo: ¿Quién tiene más seguidores? ¿Quién tiene más espectadores? ¿Quién llama más la atención y tiene otras oportunidades para hablar, predicar, enseñar o compartir sus habilidades y sus experiencias?

Ahora bien, no estoy diciendo que algo de eso esté mal, pero quiero que sepas que Dios sabe cómo hacer que tu voz se exprese. Dios sabe cómo soltar tu voz. Él sabe adónde debe ir tu palabra. A medida que él purifica y madura tu voz, te promoverá y te pondrá en presencia de grandes hombres y mujeres. Puede que te dé una palabra profética para alguien. Él puede hacer que tengas un sueño, como el apóstol Pablo, con alguien que diga: «Ven a nuestra iglesia, ven a nuestra compañía, ven a nuestra nación y ayúdanos. Necesitamos escuchar tu voz».

En Hechos 16, Pablo tuvo un sueño con un hombre que le suplicaba que fuera a Macedonia y los ayudara. Pablo nunca había estado en Macedonia, pero el hombre le había pedido que fuera a ese lugar con el fin de ayudarlos. Así que el apóstol fue a Macedonia, predicó la palabra de Dios y estalló un gran avivamiento. Su voz necesitaba ser escuchada en aquella ciudad de Macedonia. Puede que haya lugares en los que nunca has estado, pero Dios puede acudir a ti en un sueño y decirte adónde debes ir. Él puede mostrarte las personas, en el sueño, con quienes quiere que te contactes para darles la palabra.

El apóstol Pedro proporciona otro ejemplo en el que Dios habla en un sueño en cuanto a dónde debe ir alguien para entregar la Palabra de Dios. En Hechos 10:9-23, Pedro tuvo una visión con una sábana o lienzo que descendía del cielo, en la que había animales inmundos que representaban a las naciones pecadoras: los gentiles. Inmediatamente después de la visión, Dios envió un mensajero de la casa del centurión romano Cornelio ante Pedro. El mensajero le pidió a Pedro que lo acompañara a la casa de Cornelio. Al llegar allí, Pedro predicó y el Espíritu de Dios cayó sobre todos los que estaban en la casa (Hechos 10:44). Ellos empezaron a hablar en otras lenguas y, de repente, se abrieron las compuertas. Como resultado de su conversión, más gentiles comenzaron a entrar a la iglesia junto con los creyentes judíos.

Como hemos visto en los ejemplos de Pablo y de Pedro, tu voz puede llegar a lugares en los que nunca has estado. Dios puede hacerlo a través de los sueños. Dios puede hacerlo a través de visiones. Dios puede hablarte. Incluso puede hacer que alguien te llame.

Cierta vez recibí una llamada. Era a través de Facebook Messenger. Aunque no estaba acostumbrado a recibir llamadas de esa manera, respondí.

—¿Hola? ¿Quién es? —pregunté.

Un hombre con acento extranjero respondió y dijo:

—¡Alabado sea el Señor! Apóstol Eckhardt, llamo desde Moldavia.

¿Moldavia? Ese país se encuentra en Europa del Este, cerca de Rusia.

El hombre continuó hablando y me dijo:

—¡Alabado sea el Señor! Tengo su libro. He estado leyéndolo. Soy evangelista en Moldavia. Y quiero que ore por mí.

—Muy bien —le respondí.

Nunca he estado en Moldavia. No conozco a nadie allí. Pero, de alguna manera, mi libro estaba ahí.

El hombre siguió hablando y me dijo:

—Soy un evangelista ruso. Hablo inglés. Cuando predico en ruso, salimos a las calles. He estado leyendo sus libros sobre lo apostólico. ¿Me bendeciría usted?

—Bueno —le dije—, si tuvo la valentía de llamarme desde Moldavia por Facebook, voy a orar por usted.

Así que comencé a orar por él y profeticé sobre él por teléfono a través de Facebook Messenger. Recibió la palabra profética y mi voz llegó a Moldavia, desde el sur de Chicago.

¿Has estado alguna vez en Moldavia? No mucha gente lo ha hecho. Supe que está cerca de Transilvania. Una vez estuve en Hungría, cuando mis anfitriones apuntaron hacia una dirección y dijeron:

—Ahí es Transilvania.

—¿Transilvania? —dije—. ¿No es de ahí de donde es Drácula?

—Sí —me respondieron casi a una voz—. Ahí hay muchas brujas.

—Bueno —les dije—, Dios bendiga a Transilvania. Pero no voy a ir allá a lidiar con Herman y Eddie Monster ni con Drácula. No gracias. Estoy bien aquí. He luchado con la brujería, pero no quiero lidiar con la brujería de Transilvania.

El punto aquí es que puedes terminar en lugares extraños, lugares en los que nunca has estado, cuando Dios comienza a enviarte a personas que necesitan lo que tienes.

LEVÁNTATE, RESPLANDECE Y AVANZA

Hace algún tiempo estaba dirigiendo una congregación a través de una serie de activaciones proféticas. Estábamos haciendo una activación en la que animamos a las personas a escuchar la voz del Señor. Cuando estás sintonizado con el Espíritu de esa manera, a veces el Señor te da sonidos. Es posible que escuches el viento que sopla, la lluvia que cae o el canto de los pájaros que trinan. Es probable que escuches el silbido de los trenes. Esa vez, en particular, escuché el sonido de un ejército en marcha. En el espíritu, escuché sus botas al redoblar ordenadamente en el suelo. Entonces el Señor me dio un versículo en el Salmo 68 que dice: «El Señor daba palabra; había grande multitud de las que llevaban buenas nuevas» (v. 11, RVR1960).

La palabra hebrea traducida como «multitud», o compañía, significa «ejército». También se traduce en algunas versiones de la Biblia como un ejército de mujeres. De alguna manera, la versión Reina Valera omitió ese dato. Algunas personas no creen que las mujeres puedan predicar o profetizar, pero todo hombre casado sabe que las mujeres predican.

Así que mientras lideraba esa activación, comencé a ver cuánto necesita el mundo un avivamiento y un avance espiritual. Están sucediendo muchas cosas en nuestros países: perversión, rebelión, brujería, violencia, odio e injusticia. Es asombroso, terrible. Pero creo que cuando hay más oscuridad, es cuando surge la gente profética.

Elías era el profeta de Dios que ministraba cuando Jezabel gobernaba la nación. Dos de las personas más malvadas que jamás hayan ascendido al trono —Acab y Jezabel— fueron las que controlaron las naciones, pero Dios levantó a Elías. Dios tiene una manera de levantar unciones fuertes cuando el mundo parece oscuro, cuando parece que el diablo se está apoderando de él y prevalece la brujería. Las unciones más fuertes se levantan cuando las cosas van mal. Se levantan personas fuertes que saben cómo orar y ayunar, predicar y enseñar; personas que saben cómo reprender, usar la autoridad y profetizar.

Creo que no importa lo oscuro que parezca, la Biblia dice: «¡Levántate y resplandece, que tu luz ha llegado! ¡La gloria del Señor brilla sobre ti! Mira, las tinieblas cubren la tierra, y una densa oscuridad se cierne sobre los pueblos. Pero la aurora del Señor brillará sobre ti; ¡sobre ti se manifestará su gloria!» (Isaías 60:1-2).

Cuando la oscuridad intente cubrir la tierra, es el momento de que resplandezcas, te levantes y avances. Dios está levantando una nueva generación de creyentes que profetizarán, orarán, predicarán, enseñarán, atarán y desatarán. Él está levantando un grupo de personas que están conscientes de que ningún arma que se forje contra nosotros prosperará. Cuando el enemigo entre como un aluvión, el Espíritu del Señor levantará un estandarte contra él (Isaías 59:19).

No importa qué tan mal se vea la situación, una sola palabra puede cambiar cualquier circunstancia, por terrible que luzca. Todo lo que se necesita es una palabra de Dios para cambiar toda una situación. Por tanto, este concepto de ser una voz, ser los cielos o tener una voz que active al cielo no es solo que la gente diga: «Así dice el Señor». Se trata de un ejército de creyentes que Dios está levantando, un ejército en cuya boca Dios pondrá su palabra revelada para que cuando la proclamen, algo se estremezca y cambie.

Las cosas están cambiando políticamente. Hay mucha división, sobre todo en las naciones desarrolladas. Todo el mundo odia a todo el mundo, al parecer. Tenemos problemas con la gente del ejército, con el departamento de policía, con la autoridad, con el racismo, con los prejuicios, con los liberales contra los conservadores, con las drogas, contra los métodos de tratamiento y rehabilitación en general. Desde el surgimiento de la pandemia de COVID-19, muchas cosas se han deshecho y necesitan ser puestas en orden. Pero creo que Dios enviará a aquellos que portan las palabras de él —con soluciones, habilidades, sabiduría y visión— y veremos que lo mejor está por venir.

EL MODO EN QUE TÚ «HABLAS» ES ÚNICO

Algunos de nosotros somos más evangelistas: sentimos la urgencia de usar nuestras voces, dones y talentos para presentarles el evangelio de Jesús a los perdidos. Otros somos más apostólicos: nos sentimos motivados a usar nuestras voces, dones y talentos con el fin de contribuir con los sistemas y programas que permiten que la iglesia u otra organización cumplan con los objetivos de servicio con los que se han establecido. Algunos de nosotros usamos nuestras voces, dones y talentos para enseñar, entrenar, orientar o capacitar. Otros usamos esas voces, dones y talentos para servir, administrar, dar o pastorear.

Cada uno de nosotros «habla» con la diversidad de dones y la gracia que Dios nos da. Sin embargo, no somos iguales. No hay dos apóstoles idénticos. Ni dos profetas. Por tanto, no intentes ser como otra persona. Sé lo que Dios te ha llamado a ser. Ve a donde él te envíe. No seas imitador. No seas un clon. Es bueno recibir una impartición de alguien, pero Dios te ha creado para que seas diferente y único. No nazcas como un original y mueras como una copia. Tenemos demasiadas copias aquí.

Mientras Dios te prepara para ir a Macedonia, debes saber que puedes parecer algo diferente de lo que la gente espera de ti, o que el lugar al que Dios te ha llamado puede ser distinto al que algunas personas piensan que debes ir. Espera que te malinterpreten.

ASIGNACIONES, LLAMAMIENTOS Y MANDATOS ESPECIALES

Cuando caminas en una gracia especial, con una unción especial, una habilidad especial o un talento especial, ello te da acceso al reino de lo que yo llamo los milagros especiales. Hay una clase de prodigios llamados milagros especiales. Puedes encontrar evidencia de eso en Hechos 19:11, que dice: «Dios hacía milagros extraordinarios [especiales] por medio de Pablo». Esto nos está diciendo que hay, ciertamente, un reino de los milagros; y luego está el reino especial de los milagros. La palabra especial simplemente significa algo particular, singular, inusual, mejor, extraordinario o algo a un nivel superior. En la versión Reina Valera Antigua, el mismo versículo dice: «Y hacía Dios *singulares* maravillas por manos de Pablo» (énfasis agregado).

Al caminar en esta nueva identidad celestial, necesitas comprender cuán importante es que el Señor realice milagros especiales para ti y a través de ti. Así es como muestras las cosas que están en el cielo y que pueden desatarse en la vida de otros. Así mismo es la manera en que Dios te bendecirá para que con tus palabras, tus acciones y tus manos, los milagros especiales del cielo sean derramados en las vidas de aquellos a quienes Dios te envía.

Dios quiere hacer —para ti y a través de ti— algo diferente, algo inusual, algo singular. Quiere realizar algunos milagros extraordinarios. Quiere abrir algunas puertas inusuales. Quiere lograr avances singulares. Quiere elevarte a niveles inusuales. Quiere que hagas conexiones inusuales. Quiere hacer algo muy inusual para ti y a través de ti.

Al someter el término *especial* a un escrutinio exhaustivo, encontrarás que no es una palabra de uso frecuente en la versión Reina Valera, en la que solo aparece nueve veces. En otras versiones se utiliza con más frecuencia, como la Nueva Versión Internacional, la Nueva Traducción Viviente, Dios Habla Hoy y la Traducción en lenguaje actual. Luego, si observas cómo se usa la palabra en algunas de esas versiones, verás que también aparece cuando se habla de «mensajero especial» en cuanto a los apóstoles. Verás referencias al «favor especial», que se le dio a Ester. Pero cuando vemos «investiduras especiales», la palabra se usa para describir una impartición inusual de los dones del Espíritu. El apóstol Pedro habla de eso.

Como cada uno de ustedes ha recibido un don (un talento espiritual particular, una dotación divina de gracia), úselo el uno para el otro como [corresponde] a los buenos fideicomisarios de la multifacética gracia de Dios [mayordomos fieles de los poderes y dones extremadamente diversos otorgados a los cristianos por favor inmerecido].

—1 Pedro 4:10 (traducción libre de la versión bíblica en inglés Amplified Bible)

Pablo le dijo a Timoteo que avivara el don, o la investidura especial, que le fue dada por profecía con la imposición de manos por parte del presbiterio.

No descuides el don que hay en ti [esa investidura —o talento— interior especial] que te fue impartido directamente [por el Espíritu Santo] mediante una declaración profética cuando los ancianos te impusieron las manos [en tu ordenación].

—1 Timoteo 4:14 (traducción libre de la versión bíblica en inglés Amplified Bible)

El ministerio lleno del Espíritu, especialmente la profecía y la imposición de manos, es un vehículo a través del cual se derraman dones o dotes especiales en tu vida. Luego, en 2 Timoteo 1:6, Pablo le dijo a Timoteo nuevamente que no descuidara el don que Dios le había dado mediante la imposición de sus manos.

Las investiduras especiales vienen directamente de Dios a través del vehículo de la imposición de manos en la profecía. Estos son dones únicos: profecía, lenguas, interpretación de lenguas, fe, dones de sanidad, obrar milagros, palabra de conocimiento, palabra de sabiduría, discernimiento de espíritus, misericordia, ofrenda, exhortación, profecía, servicio, etc. (Ver Romanos 12). Todas estas dotes especiales están conectadas con lo milagroso, cuando te mueves en palabra de conocimiento, palabra de sabiduría y discernimiento de espíritus; y cuando profetizas, hablas en lenguas o interpretas lenguas. Mover estos dones genera milagros, ya que se imparten como habilidades especiales a personas con asignaciones, comisiones o mandatos especiales.

Como mencioné al comienzo de este capítulo, Pablo tenía la comisión especial de predicar a los gentiles. Uno de los lugares a los que fue, Macedonia, lo conoció a través de un sueño. Para ayudar a Pablo a llevar a cabo la misión que Dios le asignó, Dios le dio una dotación de milagros especiales. Estás leyendo esto porque Dios te ha dado una asignación especial: un lugar donde tu voz tendrá un gran impacto. No significa que Dios te esté llamando a una plataforma mundial, pero tu asignación es algo especial. Puede ser en la iglesia local o en el mercado, la política o los medios de comunicación. Ya sea nacional o internacional, es una tarea especial. Dios te ha dado una forma única de hablar y predicar el cielo. Él te ha dado una visión especial y un regalo especial. Esa cosa que Dios ha puesto dentro de ti es única y diferente, y te distingue de los demás.

MANTENTE HUMILDE

Mi llamado a tu peculiaridad no es un intento de alimentar tu orgullo ni una declaración de que eres mejor que cualquier otra persona. La verdad es que cuanto más especial sean tú y las cosas que Dios hace en tu vida, más humildad debes tener. Dios le dio a Pablo un mandato especial para predicar a los gentiles, pero luego le dio un aguijón en la carne, porque la abundancia de revelaciones que le fueron dadas podría haberlo envanecido. (Ver 2 Corintios 12:7-10). Tenía que caminar con humildad y depender de la gracia de Dios. Pablo recibió una revelación especial del cielo. Comprendió los misterios de Dios más que todos los demás apóstoles. Se le dio una gracia especial, pero también había una espina en su carne para mantenerlo en una posición de humildad.

Dios da dones especiales, talentos especiales y unciones especiales, elementos que necesitamos si queremos traer el cielo a la vida de tantas personas que viven en una especie de infierno en la tierra, pero estas dotes nunca se dan para hacernos pensar que somos mejores que los demás. Lo que podemos reconocer es que Dios sí da a las personas asignaciones especiales, llamamientos especiales y mandatos especiales, tareas extraordinarias que hacer en nombre del reino, y pueden ser diferentes, inusuales y singulares. A menudo, cuando Dios nos da ese tipo de mandatos, tendemos a retroceder porque nunca antes habíamos visto algo así.

Piensa en esto: Juan el Bautista fue un mensajero especial levantado por Dios. (Ver Juan 1:5-15). Después que nació, la gente quiso ponerle el nombre de su padre, Zacarías, pero Dios dijo: «Su nombre es Juan».

Zacarías pudo haber pensado: «Pero no hay nadie en mi familia llamado Juan».

Zacarías y los que lo rodeaban no entendían que Dios quería que el niño se llamara Juan porque era especial. Era diferente. Era único. Tenía una vocación especial. Tenía el espíritu de Elías. Se la pasaba en el desierto comiendo langostas y miel silvestre. Tenía una vestimenta especial de pelo de cabra. Dios estaba levantando un tipo especial de ministerio para que fuera el precursor de Cristo.

Sansón era diferente. Era especial. Cuando Sansón era niño, Dios le dijo: «No te cortes el pelo. Vas a ser nazareo. No puedes beber vino porque eres especial». (Ver Jueces 13:5, 7). Dios le dio una fuerza especial para que la usara con el fin de dar liberación a Israel.

Luego estaba José. Su padre le hizo un abrigo especial de muchos colores porque era diferente a sus hermanos. (Ver Génesis 37:3). Tenía la asignación especial de ir a Egipto antes que ellos y llevar la liberación a su familia. Tenía un don especial: la capacidad de interpretar sueños. Era algo muy inusual; por difícil que fuera el sueño, tenía un don especial para interpretarlo.

Dios también les dio a Daniel y a los muchachos hebreos una dote especial de sabiduría, conocimiento e interpretación de sueños.

A Salomón, Dios le dio a una dote especial de sabiduría. Salomón recibió una habilidad especial para caminar en sabiduría más que cualquier otra persona de su época y, en verdad, hasta de toda en la historia. Nadie pudo acercarse a igualar la investidura que Dios le dio a Salomón.

Y estaban las dotes especiales que Dios le dio a Bezaleel: la habilidad especial y la sabiduría para construir los artículos del tabernáculo y diseñar las vestiduras de los sacerdotes y el tabernáculo. (Ver Éxodo 31:1-6).

Juan el Bautista fue diferente. Sansón era diferente. José era diferente. Daniel y los tres jóvenes hebreos eran diferentes. Salomón y Bezaleel eran diferentes, ¿y tú? Tú también lo eres.

¿CÓMO HAS SIDO DOTADO?

A través del Espíritu Santo puedes recibir una investidura o talento especial, un hecho que es inusual, único y a un nivel superior. A menudo, esa investidura llega cuando eres bautizado en el Espíritu Santo. Es por eso que debemos entender que ser llenos del Espíritu de Dios es más que hablar en lenguas y más que profetizar. A menudo nos hemos visto limitados, en las iglesias pentecostales y carismáticas, al restringir la manifestación del Espíritu de Dios al hecho de hablar en lenguas únicamente. Por tanto, cuando esos dones inusuales operan en los creyentes, muchos líderes no saben cómo tratar con ellos, cómo ayudarlos, cómo promoverlos para enviar a esos individuos a predicar, porque la religión siempre trata de hacer que todos sean iguales. Algunos líderes no saben cómo lidiar con las personas en la forma en que Pablo trató con Timoteo, por ejemplo, cuando le dijo que no descuidara esa investidura especial, sino que la aprovechara.

¿Qué dote especial te ha dado Dios? ¿Qué palabra ha puesto en tu boca? ¿A qué personas te envía? ¿Qué se te ha encomendado que les traigas del cielo? ¿Qué te ha dado Dios? Quizás eres escritor, cantante o compositor. Tal vez seas administrador o un creativo. Tal vez sea un novato, un empresario, alguien con ideas de vanguardia que generen riqueza e ingresos. Quizás Dios te dio la habilidad de idear inventos o de aprender y aferrarte al conocimiento rápidamente. Tal vez puedas hablar varios idiomas y te sea fácil aprender otros rápidamente.

Es probable que tengas una capacidad especial para trabajar en las cárceles o con las personas sin hogar, los pobres o las madres solteras. Es posible que tengas un llamado especial para trabajar con personas que han sido violadas o maltratadas sexual o sicológicamente. Estos son dones magníficos y especiales que provienen del cielo. Requieren paciencia y longanimidad, dos de las virtudes que deben acompañar a cualquiera que sea enviado a cumplir asignaciones especiales. Analizaré esas virtudes en forma más detallada en los capítulos 6 y 7.

Cuando operamos en nuestras asignaciones exclusivas con el don que Dios nos ha dado, comenzaremos a ver los milagros divinos. Mucha gente será bendecida y liberada. Te verán trabajando con los dones y la unción que Dios te ha dotado, de manera que van a entender que esos dones son de Dios, por lo que van a ver la gloria de Dios. Tus dones declaran —predican, proclaman y hacen pública— la gloria de Dios. Tú eres los cielos.

Recuerda, Dios les dio sabiduría, conocimiento y comprensión a los niños hebreos de Babilonia, haciéndolos diez veces mejores —en cuanto a su capacidad de aprendizaje y comprensión de las ciencias y las matemáticas— que todos los de Babilonia. Cuando operaban con sus dones, generaban bendición y prosperidad a esa nación, por lo que el rey de la tierra sabía que era el Dios de Israel el que los empoderaba.

¿A QUIÉN LLAMARÁN?

A menudo tratamos de darle nombre a algo a lo que Dios ya le dio uno diferente. A veces, incluso, eres diferente al resto de tu familia. Particularmente, fui la primera persona de mi familia en ser salvo. Nadie en mi familia, ni mi madre, ni mi padre, ni nadie que yo conociera, era salvo. Eran buenas personas —amorosas, serviciales—, pero en mi familia no había ningún otro creyente. Nunca escuché de nadie que hablara en lenguas ni mucho menos que profetizara. Nunca vi a nadie alzar la mano. Nunca conocí a una persona salva hasta que tuve veinte años. No tenía amigos salvados y nadie me había testificado nunca. No iba a la iglesia tampoco. Sin embargo, fui salvo en una reunión callejera. Me encontré con un equipo evangelístico que andaba predicando en las calles y, al oír el mensaje de la Palabra de Dios, sentí convicción de pecados y me arrepentí, por lo que fui salvo.

De modo que fui la primera persona de mi familia en nacer de nuevo; el primer individuo en hablar en lenguas y en llenarse del Espíritu Santo; por lo que no tenía ningún punto de referencia. No había nadie en mi familia con quien pudiera hablar; más aun, todos mis amigos se reían de mí. Todos mis familiares, sin excepción, pensaban que estaba loco puesto que empecé a asistir a una iglesia pentecostal.

La vida en Cristo, como persona salvada, era absolutamente nueva para mí. No conocía un versículo de la Biblia, ni siquiera Juan 3:16. Pero luego, Dios comenzó a salvar a los miembros de mi familia. Y siguió la tarea al empezar a salvar a mis amigos también. Los mismos que se reían de mí, ahora me pedían que orara por ellos. Las mismas personas que se ríen de ti serán las que acudirán a ti cuando necesiten un gran avance. Ellos saben a quién llamar. Puede que te califiquen de fanático y afirmen que enloqueciste. Es posible que te digan: «No necesitas nada de eso». Pero cuando se metan en problemas, el primer número de teléfono que marcarán va a ser el tuyo. Te llamarán a cualquier hora para decirte: «Tienes que orar por mí». Así pasa. Así son. Esa es la condición natural del ser humano

Una vez conocí a un pastor que no creía en el don de hablar en lenguas. Era un buen hombre y un buen ministro, pero no creía en esas cosas. Entonces, un día se metió en problemas y ¿qué pasó entonces? Decidió llamarme y me dijo: «Necesito que ores por mí. Estoy en problemas».

Como yo estaba consciente de que él no creía en el don de hablar en lenguas, comencé a orar en castellano. «Padre celestial, oro porque...»

Entonces, bruscamente, me interrumpió y me dijo: «No, no, así no. Yo puedo hacer eso. Puedo orar en castellano perfectamente. Lo que necesito es que ores en lenguas».

Tu llamado a ser la voz que activa el cielo puede llevarte a vivir de una manera que la gente crea que es extraña, misteriosa e interesante. Eso puede hacer que hagas cosas para el Señor que la gente no entienda. Ahora bien, una cosa sí es cierta, cuando estén en problemas ya saben a quién llamar. Saben quién tiene el poder. Saben quién puede hacer una oración poderosa. Saben quién puede echar fuera al diablo. Saben quién anda bajo autoridad. Pueden reírse de ti... mucho... hasta que se metan en problemas. No van a pedirle a ninguna persona religiosa que ore por ellos. Correrán entre todos los demás para encontrarte a ti, porque eres diferente y Dios te hizo así.

RESISTE EL AUTORRECHAZO

A veces, cuando eres una persona distinta a los demás, muchos no te entienden. No eres bien acogido. Sin embargo, uno de los peores males que puedes tener no es solo el rechazo, sino el autorrechazo. A menudo, las personas que han sido rechazadas tienen en su propio ser un demonio de autorrechazo, por lo que se rechazan a sí mismas en función de lo que otros piensen de ellas. Así que mantente firme en tu identidad como la persona que tiene influencia en los cielos y no bases tu opinión en lo que otros piensen de ti. Aférrate a la revelación de lo que Dios ideó que fueras. Tú no eres como todo el mundo. Eres hijo de Dios.

Al igual que lo ocurrido con José, que era diferente de sus hermanos; hay una unción distinta en tu vida. Como lo mencioné, José tenía una túnica de muchos colores que le hizo su padre, Jacob. Él era el hijo predilecto de su padre. Por eso y las travesuras de José, sus hermanos llegaron a odiarlo. Ese odio los llevó a urdir un plan nefasto. Lo agarraron y lo vendieron como esclavo a Egipto. Luego, al llegar allí, fue víctima de una infamia y lo metieron a la cárcel, donde fue olvidado... hasta el día en que el faraón tuvo un sueño.

Había algo en José que lo hacía diferente. Era un hombre justo. Era un hombre piadoso. Se crió con un grupo de hermanos que vieron algo en él que no les gustó, pero un día las mismas personas que lo vendieron tuvieron que acudir a él en busca de ayuda. (Ver Génesis 42).

Así mismo, Dios pondrá a tus enemigos por estrado de tus pies. Puede que te odien y hablen de ti, pero si hay un llamado de Dios a tu vida, es probable que Dios te use para liberar a las mismas personas que no te entendieron. Así que no te rechaces a ti mismo. Acepta lo que Dios te ha llamado a ser. Agradece a Dios por hacerte diferente, único y especial.

TU DIFERENCIA TRAE CAMBIO

Lo que quiero decirte aquí es algo que aprendí a una temprana edad: puede que seas diferente, pero así es exactamente como Dios hace a las personas: diferentes. Dios puso una unción exclusiva en tu vida, así que deja de intentar ser como todos los demás.

No te estoy diciendo que seas raro. No, me refiero al hecho de que piensas de manera distinta, que estás conectado de manera desigual. Dios puso una unción única en tu vida. He descubierto que, si las cosas van a cambiar en nuestras vidas, en nuestras familias, en nuestras comunidades o en el mundo, debemos percatarnos de que el cambio no suele ocurrir hasta que viene alguien diferente, porque cuando todo el mundo es igual, las cosas permanecen iguales. Así que no permitas que los líderes religiosos te apaguen o intenten controlar tus dones exclusivos. Encuentra una iglesia en la que haya libertad, donde te muestren cómo puedes usar tu don en pro del avance del reino. Luego observa el modo en que Dios usará esa dotación especial para liberar cosas en su vida y en la de otros, de forma tal que hagas cosas inusuales, diferentes y a otro nivel.

Sansón era un chico diferente. José era diferente. Samuel era diferente. David era diferente. Jeremías era diferente. Moisés era diferente. Todos ellos, simplemente, tuvieron diversas gracias y diferentes unciones en sus vidas. Dios quiere usar tu diferencia y tu singularidad para traer un cambio real a tu generación. Por eso quiero animarte a que aprendas a fluir en el poder de Dios. Acepta la diferencia en tu sonido, tu voz y el área a la que Dios te ha llamado. Entra en tu Macedonia, ahí donde te necesitan. Puede que no sea dentro de las cuatro paredes de la iglesia, como algunos otros están llamados a hacerlo. Tanto Pablo como Pedro fueron llamados a distintos lugares para ministrar a personas que muchos pensaban que no estaban calificadas para escuchar el evangelio. Su ministerio en esos lugares únicos para un pueblo único fue diferente y nuevo. Dios los llamó a esos lugares como extranjeros, como hacedores de diferencias y agentes de cambio, y estalló el avivamiento.

Ahora, cuando te llamen, acepta lo que eres, avanza en lo profético y deja que Dios te use para generar cambio, liberación y sanidad. Y no te sorprendas en los días venideros cuando veas dotaciones y regalos que no habías visto antes.

PROFETIZA TU MOMENTO MACEDÓNICO

El Señor está diciendo:

Aunque hayas visto mucho mundo, voy a hacer cosas extraordinarias e inusuales. Te sorprenderás de todo lo que verás. En los próximos días, derramaré no solo dones, sino también habilidades especiales y exclusivas, mucho más de lo que has visto hasta ahora. Y dirás: «Nunca había visto ese tipo de unción. Nunca había visto esa clase de dones. Nunca había visto portentos como esos».

Será algo inusual y, para algunos, parecerá hasta extraño. Será poco ortodoxo, pero sacará a la luz milagros y mejoras, finanzas y riquezas, éxito y nuevos niveles a los que envío a quien quiero. Porque yo soy el Dios que da sabiduría. Yo soy el Dios que da conocimiento y entendimiento. Yo soy el Dios que da habilidades especiales.

Será como en los días de Salomón y como fue en los días del cautiverio del pueblo, cuando les di a mis especiales —mis escogidos— dones, tantos que su sabiduría y su conocimiento fueron reconocidos en los reinos en los que vivieron y estuvieron cautivos. Los dones y talentos que te doy, incluso hoy cuando vas a servir, harán que las corporaciones y las empresas reconozcan las habilidades que tienes, aun las que tienen que ver con la administración y la gestión. Vendrán dignatarios y te llamarán como llamaron a José, Daniel y Salomón. Así como se aprovecharon de sus investiduras, se aprovecharán de la tuya; aquellos que necesitan respuestas y soluciones, incluso para problemas difíciles, saldrán satisfechos por la sabiduría, el conocimiento, la comprensión y la revelación que yo he de darte en esta era.

No te atrevas a limitarme y no me límites a lo que has visto en el pasado. Verás cosas inusuales. Verás manifestaciones especiales de mi poder, mi gloria, mis dones, mis habilidades, y harás cosas que no has visto antes. Harás cosas que nunca se han hecho en tu familia. Verás cosas en tu iglesia y tu ministerio que nunca antes habías presenciado.

Aunque hayas visto mucho, prepárate para la unción especial, los milagros especiales e incluso las asignaciones y mandatos especiales que vendrán. Serán revelados a través del flujo profético y a través de la profecía y la imposición de manos. Porque voy a visitar y morar en lugares que están abiertos a mi Espíritu y mi función. Voy a vivir entre personas que me creen por lo inusual y personas que son sensibles a mi Espíritu. Voy a vivir y a manifestarme con fuerza en nombre de aquellos que están listos para recibir lo nuevo que deseo hacer.

Prepárate para difundir mi Palabra. Los sueños y las percepciones inusuales emergerán de ella y verás suceder cosas nuevas y singulares en la forma en que predicas, enseñas y profetizas. Mucha gente ha limitado lo apostólico y lo profético, diciendo que debe operar de esta manera o de esta otra. Pero aun cuando levanté profetas especiales como Elías, Moisés y Juan, y apóstoles especiales como Pablo, en esta hora, destruyo las limitaciones de lo que tú crees que es ser un apóstol o un profeta. Sí, caminarás sobre las señales del apostolado que están en mi Palabra, pero te daré una unción única, te daré habilidades exclusivas y te enviaré a lugares únicos. Haré que hagas cosas especiales, pondré milagros especiales en tus manos y verás progresos especiales.

Así como les di dones especiales e inusuales a los jóvenes hebreos y a Daniel, te los daré a ti en esta hora. Yo no cambio. Como lo hice entonces, puedo hacerlo ahora. No veas lo que hice por ellos como una historia de lo que hice entonces. Soy el mismo hoy, ayer y siempre. Así como puse mi Espíritu en ellos y les di mi Espíritu, te lo doy a ti. Por lo tanto, recíbelo y camina en ese don, talento y habilidad especiales. Camina en humildad y sé consciente de que todo eso proviene de mí.

Lo que te doy no es algo que pueda dar el hombre. Entra por mi Espíritu y luego fluye de los humildes, los que me aman, los que confían en mí, los que reciben de mí. No te envanezcas, camina en gracia y humildad, y te verás a ti mismo haciendo cosas que otros no han hecho antes.

Muchos te preguntarán: «¿Cómo hiciste eso?». Entonces me darás la honra y la gloria, y dirás: «Es un don de Dios. Es un talento de Dios. Es una habilidad de Dios». Porque yo soy el Dios que da dones. Yo soy el Dios que da talentos. Yo soy el Dios de lo sobrenatural. Así que anda en el Espíritu, llénate del Espíritu y muévete en el Espíritu. Usa tu voz y mueve esos dones vocales de lenguas y de interpretación de lenguas. Usa tu voz y camina en la palabra de conocimiento y en la palabra de sabiduría. Fluye con estos dones y esta impartición, y observa cómo se liberan las cosas. Opera con una fe especial y cree que te concederé avances especiales, milagros especiales y cosas inusuales. Créeme por lo inusual que hago. Cree en mí porque hago cosas especiales.

No trates de explicarte a ti mismo por qué eres diferente. No intentes seguir el patrón de lo que ves. Yo forjo modelos, y muchos de ustedes ven esos modelos y caminan, hasta cierto punto, en esos modelos. Pero haré algo nuevo en la vida de muchos, y no estarás limitado por lo que haya hecho otra persona. No copies ni imites lo que haga otra persona. Yo hago de ti un don único en mi mano.

No tengas miedo. No retrocedas. Mantén tu don y no lo descuides. Tu don no cesará ni tu voz no se silenciará por el miedo y la intimidación ni tampoco por la voz del enemigo. Verás esas investiduras especiales, esos mandatos, esas asignaciones macedónicas especiales y esos milagros especiales derramados a favor tuyo en los días venideros.

ORACIÓN

Padre, bendíceme al leer estas palabras. Que las gracias especiales de Romanos 12 vengan sobre mí y me conmuevan. Sé que tienes una Macedonia llamándome, un lugar donde mi voz, mis dones, mis habilidades, mis talentos y mi unción son la clave para el avivamiento y el avance. Desde la plaza del mercado al reino, Señor, sé que me has llamado para un momento como este.

Oro para que, dado que he estado caminando en cosas viejas que fueron tu voluntad durante una temporada, no me dejes traer esas cosas viejas a este nuevo tiempo. Recibo lo nuevo, inusual y especial que estás haciendo ahora. Proclamo Isaías 42:9, que dice: «He aquí, las cosas anteriores se han cumplido, y las cosas nuevas declaro; antes que broten, os las digo».

Padre, dame pensamientos nuevos e inspirados. Vuelve a darme nuevos planes y cosas nuevas para la próxima temporada. Déjame caminar con eso incluso ahora.

Señor, deja que la palabra profética que acabo de leer sea desatada en mi vida hoy. Envía la confirmación y la revelación que me proyecten al futuro. Gracias por la revelación que me das, con la que trato de caminar en tus planes y tus propósitos en esta nueva temporada y en la venidera.

CAPÍTULO 3

RESPUESTA AL LLAMADO

HACE ALGÚN TIEMPO me encontré con un mensaje de Sarah Morgan, pastora de Prayer Academy Global. Fue un mensaje asombroso acerca de los libros celestiales que Dios ha escrito sobre cada uno de nosotros. Fue una palabra profética muy diferente a cualquier mensaje que haya escuchado predicar antes.

En su exposición, ella dijo que en el cielo hay libros concernientes a cada uno de nosotros; y asegura que esos libros deben tanto abrirse como leerse. Además ella afirma que muchas personas te verán y leerán un discurso o un capítulo de tu libro, pero nunca leerán el libro completo. Aunque no podemos esperar que otros realmente sepan todo sobre lo que estamos llamados a hacer, esto solo nos permite saber que tenemos la responsabilidad de averiguar lo que hay en nuestro libro para que podamos vivir de acuerdo con el plan de Dios para nuestras vidas.

EL PLAN PROFÉTICO PARA TU VOZ

Para apoyar más sus ideas al respecto, la pastora Morgan citó el Salmo 40:7-8, donde Jesús dijo: «Aquí me tienes —como el libro dice de mí—. Me agrada, Dios mío, hacer tu voluntad; tu ley la llevo dentro de mí». Sabemos que este versículo se refiere a la Palabra de Dios y a los libros proféticos que fueron escritos y predichos mucho tiempo atrás sobre la vida y el ministerio de Jesús. Estos versículos sobre el libro de la vida de Jesús indican que él vivió de acuerdo con ese plan profético y que lo cumplió. Por ejemplo, en Lucas 4, cuando abrió el libro, dijo: «El Espíritu del Señor está sobre mí, por cuanto me ha ungido para anunciar buenas nuevas a los pobres. Me ha enviado a proclamar libertad a los cautivos y dar vista a los ciegos, a poner en libertad a los oprimidos, a pregonar el año del favor del Señor» (vv. 18-19). Y cerró el libro.

Una cosa que quiero que notes aquí es que Jesús estaba en el libro. El libro trataba sobre él. Su vida era un libro. La pastora Morgan mencionó el hecho de que cada una de nuestras vidas es un libro, pero son libros cerrados que necesitan ser abiertos, leídos y entendidos. Jesús sabía quién era y sabía la voluntad de Dios para su vida porque él se encontraba en los libros proféticos de la Biblia. Y en tres años y medio cumplió todas las promesas proféticas del Libro relacionadas con su llamado y con respecto a su vida. Luego murió en la cruz, según el Libro o las Escrituras.

Mientras la pastora Morgan continuaba con su exposición, escuché que destacaba el hecho de que no sabemos lo que hay en nuestro propio libro porque nunca lo hemos leído. Nunca hemos buscado a Dios para abrir nuestros libros ni le hemos permitido que lo haga para que él pueda mostrarnos su plan y su propósito con nuestras vidas. Muchos de nosotros somos libros cerrados. Nunca nos han abierto; nunca nos han leído. Pero según el Libro del Apocalipsis, Jesús es quien ha prevalecido para abrir el libro.

El mensaje de la pastora Morgan fue uno de los sermones más asombrosos que he escuchado. Tanto que lo compartí en mi página de Facebook. He estado predicando durante cuarenta años. He escuchado muchos mensajes geniales, pero nunca había oído uno como ese sobre el hecho de que todos somos libros y descubrimos quiénes somos al aprender lo que hay en nuestros libros.

Saber lo que está escrito en las páginas de tu libro es fundamental para comprender cómo vas a impactar la tierra con el llamado a tu vida y los dones que posees. Hay varias formas de descubrir eso.

Ministerio profético

Los profetas y la profecía tienen una manera de hacernos entender nuestro llamado, nuestro propósito y los planes de Dios, por eso siempre animo a las personas a obtener un ministerio profético bueno y de calidad. Es muy importante que descubras la voluntad y el plan de Dios. A menudo, los profetas traen confirmación. En otras palabras, puede haber algo en tu corazón, puedes estar vislumbrando algo, o puedes estar viendo a través de sueños y visiones. Estas experiencias pueden ser el intento de Dios por mostrarte algunas páginas de tu libro.

La gente correcta

A veces, tu propósito surge a la vista porque te conectas con las personas adecuadas. Estas personas pueden ayudarte a abrir tu libro y descubrir su contenido, especialmente cuando te conectas con las personas adecuadas que también son proféticas. Ellas tienen conocimiento sobre los planes y propósitos de Dios para tu vida.

Ahora bien, todos tenemos el Espíritu Santo, por lo que el Espíritu de Dios también puede mostrarte cosas sobre las asignaciones y los planes que tiene para ti. No quiero dar a entender que tienes que depender de un profeta para descubrir todo lo que necesitas hacer. Dios puede mostrarte cosas. Los profetas también pueden revelarte algunas y ayudarte. Dios puede usarlos a ellos para confirmar, darte revelación y ayudarte a ver las cosas, pero nunca asumen el lugar de Dios.

Por ejemplo, Samuel ungió a David con aceite, lo que significa que sería el próximo rey de Israel. (Ver 1 Samuel 16). Hizo lo mismo con el rey Saúl. (Ver 1 Samuel 9). Por eso, a veces los profetas desempeñan un papel fundamental para ayudarnos a descubrir los planes y propósitos que Dios tiene con nuestras vidas.

INSPIRACIÓN O DESESPERACIÓN

Hace años leí un libro que decía que para comenzar a conocer la dirección en la que Dios quiere que vayas en la vida, debes tener un plan inspirado. Es importante recordar eso al tratar de determinar lo que Dios ha escrito en el libro de tu vida. Muchas personas creen que deberían operar solo con la transpiración, diciéndose a sí mismas: «Si trabajo lo suficiente...». «Si sudo profusamente, tendré éxito». «Si sigo trabajando, sigo esforzándome, tendré éxito».

¿Has conocido a alguien así? En vez de operar con inspiración, operan por desesperación.

En vez de motivarnos con la desesperación, debemos ser impulsados por la inspiración. Dios no quiere que nuestras vidas sean regidas por la desesperación; él quiere que tengamos un plan, es más, quiere inspirar ese plan. Quiere cambiarnos desde adentro.

A muchas personas se les ha enseñado que deben ir a la escuela, obtener un título, conseguir un trabajo, recibir un pago, conseguir un plan de jubilación, casarse, tener hijos, morir a una edad avanzada y luego ir al cielo. Pero nunca se mueven realmente con inspiración.

La palabra inspiración significa «soplo de Dios». Cuando Dios respira sobre ti, cuando exhala sobre ti o te inspira a hacer algo, su inspiración podría llevarte a hacer algo que impacte al gobierno, a los negocios, a la educación, a los medios de comunicación, a las artes, a la iglesia o al ministerio.

La mayoría de la gente nunca se mueve por inspiración. Dios los inspira a hacer cosas, pero se cierran, lo ignoran y, en consecuencia, no actúan nunca. No se mueven en él. Piensan que tal vez lo que están sintiendo no es Dios, sobre todo cuando Dios los inspira a hacer algo diferente a lo que hacen los demás.

Hay otra cosa en la que cae la gente: tratar de vivir en base a la inspiración y el llamado de otra persona, para luego tratar de encontrar su identidad en esa otra persona. No estoy hablando de servir y seguir a otras personas como parte de sus ministerios, organizaciones o negocios. A veces, Dios te inspirará a trabajar junto a una persona. Te inspirará a someterte a un mentor o entrenador. Te inspirará a trabajar con un apóstol, un profeta, un evangelista, un pastor o un maestro. Puedes recibir una impartición de ellos a medida que creces y maduras en lo que Dios te ha llamado a hacer. Puedes recibir una impartición de ellos a medida que creces y maduras en lo que Dios te ha llamado a hacer. Pero hay cosas, separadas y diferentes de cualquier otra persona, que Dios también te inspirará a hacer con respecto a tu vida.

LA INSPIRACIÓN TRAE ENTENDIMIENTO

Job 32:8 (RVA) dice: «Espíritu hay en el hombre, e *inspiración* del Omnipotente los hace que entiendan» (énfasis agregado). La versión Reina Valera dice: «Y el *soplo* del Todopoderoso le hace que entienda» (énfasis agregado).

Este versículo dice que cuando Dios sopla sobre ti, cuando te inspira, cuando su Espíritu se mueve sobre tu espíritu, te da entendimiento. Así que empieza a comprender el plan de Dios, el propósito de Dios y el llamado de Dios a través de la inspiración. Cuando Dios te inspira a hacer algo, esa es una de las cosas más poderosas que te pueden pasar. Puedo escucharlo decir: «Abre un negocio, inicia una organización benéfica, participa en el ámbito gubernamental, involúcrate en la educación, haz algo en el ministerio, cree algo, innova algo, construye algo».

El llamado tuyo es tu púlpito. Es el lugar desde donde predicarás y traerás el cielo a la tierra. ¿Puedes verlo? El negocio tuyo es tu púlpito. Tu organización caritativa o tu posición en el gobierno local o nacional es tu púlpito. Si no sabes exactamente a qué te está llamando Dios, deja que él sople sobre ti para que entiendas cuál es su plan. Pídele que te revele las páginas del libro de tu vida.

Entonces, cuando el Espíritu de Dios sople sobre ti, no apagues al Espíritu Santo. Deja que Dios sople sobre ti. Eres un ser espiritual y la inspiración del Todopoderoso te da entendimiento.

COMPROMISO Y ESTABLECIMIENTO

En Proverbios 16:3 leemos: «Pon en manos del Señor todas tus obras, y tus proyectos se cumplirán». En otras palabras, encomienda tus obras, tus planes, tus proyectos y todo lo que estás haciendo al Señor, y tus pensamientos se cumplirán y serán establecidos.

Ahora bien, quiero que veas la conexión aquí. Básicamente dice que cuando entregas lo que estás haciendo al Señor, algo sucede en tu vida intelectual, en tus pensamientos, en tu mente. Esto es clave porque somos gobernados o dirigidos en la dirección que dicten nuestros pensamientos.

En la clásica versión de la Biblia Reina Valera 1960, Proverbios 16:3 dice lo siguiente: «Encomienda a Jehová tus obras [encomiéndalas y confíalas por completo a él] y [él hará que] tus pensamientos [concuerden con su voluntad, y] serán afirmados».

En otras palabras, cuando le encomiendas tus obras al Señor, él hará que tus pensamientos concuerden con su voluntad. Así es como conocerás la voluntad de Dios. De modo que, sea lo que sea que estés haciendo, deja que Dios te inspire y encomiéndale eso a él; dile: «Señor, estos son mis planes». La Escritura dice que escribas la visión y que la aclares. (Ver Habacuc 2:2). Así que escribe tu sueño. Escribe lo que estás pensando, porque a veces él nos inspira hacer algo, pero no sabemos exactamente cómo hacerlo. Como no conocemos todos los detalles de lo que se debe hacer, lo que necesitamos es que Dios intervenga en nuestros pensamientos, para que estos se conformen a su voluntad. Porque recuerda, encontrar tu voz es encontrar el plan y el propósito de Dios para tu vida.

«¿Cuál es la voluntad de Dios? ¿Cuál es el plan de Dios para mi vida?». Para obtener las respuestas a estas preguntas, necesitas que tu mente esté de acuerdo con sus planes. Necesitas que Dios trabaje en ti como dice su Palabra: «Pues Dios es quien produce en ustedes tanto el querer como el hacer para que se cumpla su buena voluntad» (Filipenses 2:13). Dios es el que obra en ti tanto el querer como el hacer su buena voluntad. Dios hará eso en ti. Dios hará que tus pensamientos, tu mente estén de acuerdo con su voluntad cuando le encomiendes tus obras y tus planes.

Lo que esto también significa entonces es que cualquier cosa de tu plan que no esté de acuerdo con la voluntad y el propósito de Dios se quedará en el camino, y Dios hará que tus pensamientos se concentren exactamente en lo que él quiere que hagas. Entonces tus planes se establecerán y triunfarás porque se alinearán con el plan de Dios. Tus pensamientos se alinean con sus pensamientos y tus decisiones se alinean con su plan y su propósito.

La Nueva Traducción Viviente dice en Proverbios 16:3 lo siguiente: «Pon todo lo que hagas en manos del Señor, y tus planes tendrán éxito». Luego, el Salmo 37:5 agrega más a esto al decir: «Encomienda al Señor tu camino; confía en él, y él actuará».

EMPIEZA CON DIOS

Ahora bien, todo esto parece tan simple y, realmente, lo es. No es difícil, pero la mayoría de los creyentes han perdido su poder y muchos otros no se han comprometido completamente con él. Hacemos las cosas por nuestro propio esfuerzo y decimos: «Bueno, Dios, si te necesito, te llamaré». O, «Si me meto en problemas y las cosas no van bien, acudiré a ti».

Sin embargo, eso no debe ser así. No. Hazlo al principio. Somete tu plan —ya sea en relación con el ministerio, los negocios, la educación, el matrimonio o las relaciones— al Señor desde el principio y tus pensamientos se establecerán de acuerdo a su voluntad.

Dios cargará e inspirará tus pensamientos. Él soplará sobre tu mente, tus pensamientos, tus planes y sobre tus propósitos. Él te dará inspiración. Así es como comenzarás a tener éxito y a moverte bajo la voluntad y el plan de Dios para tu vida.

Insisto, el Señor puede usar profetas para inspirarte, porque la profecía es una expresión inspirada. Ya sea que te consideres profeta o no, encontrarás que Dios te usa de esta manera. He enseñado durante años que todo creyente debe ser profético en el sentido de que podemos escuchar a Dios y hacer o decir lo que él nos dice que hagamos o digamos. Así es que cuando el Espíritu de Dios se mueve sobre nosotros, comenzamos a profetizar inspiración. Comenzamos a hablar por la inspiración del Espíritu Santo sobre la vida de alguien. Les damos inspiración. Toda la Escritura fue inspirada por Dios o creada por Dios (2 Timoteo 3:16). La profecía es la palabra del Señor. Cuando profetizamos, estamos hablando los pensamientos y la mente de Dios.

Cuando profetizamos acerca de las personas, lo que les estamos transmitiendo —en realidad— es la mente y los pensamientos de Dios para sus vidas, para el futuro y el destino de ellos. La profecía es poderosa, pero todo está encerrado en la inspiración. Ello muestra el poder de la inspiración.

LA VOZ QUE DIOS INSPIRA ES ÚNICA

A menudo, Dios te inspirará a hacer algo que te parecerá muy inusual, algo diferente, algo que nunca antes has visto porque, como discutimos en el capítulo anterior, eres una persona única con una voz y un propósito únicos. Tienes vocaciones y talentos distintivos. No harás lo que hacen los demás. Harás algo muy diferente, algo nuevo. Dios puede enviarte a ser el pionero en alguna área específica, pero saber eso viene por inspiración.

Moisés fue el primer libertador. Dios llevó a Moisés a Egipto. Nadie más había hecho eso antes y, luego, sacó a Israel de Egipto por mano de Moisés. Su misión fue inspirada por Dios. En la zarza ardiente, la que pudo ver con sus propios ojos como en una teofanía, Moisés escuchó la voz de Dios.

Por otro lado, David fue el primero en establecer veinticuatro horas de adoración profética ininterrumpida. Nadie había hecho lo que él hizo antes. Estamos hablando de personas que hicieron cosas extraordinarias solo por inspiración. El Espíritu de Dios se derramó sobre ellos y, como consecuencia, se sintieron inspirados a hacer cosas nuevas, distintas y asombrosas que nadie había hecho hasta entonces.

Dios quiere que encuentres tu voz. Quiere que sepas la voluntad de él para tu vida. Con demasiada frecuencia tratamos de averiguar qué es lo que Dios nos insta a hacer y terminamos copiando lo que vemos hacer a los demás. Ahora bien, es probable que haya algunos patrones. Es posible que existan otros estándares. Que haya otras personas a las que puedas considerar como modelos que están haciendo cosas muy similares a las que haces. Dios puede usar a esa gente para entrenarte e inspirarte.

Puede que no seas el primer astronauta o el primer director ejecutivo de una empresa en particular. Puede que no seas el primero en laborar en una clase de ministerio en particular y hacer un tipo de cosas en específico. Pero puedes ver a alguien que lo ha hecho de manera similar, y esa persona se convierte en un modelo que te puede impartir conocimiento y brindar sabiduría. Pero aun así, hay algo único en ti.

Dios nos ha dado a cada uno de nosotros una combinación especial de dones. No hay dos personas iguales. Por eso me encanta la idea de encontrar tu voz y comprender cómo ha sido diseñada para activar el cielo en la tierra, porque nadie más tiene tu voz. Tu voz es única. Nadie más puede hablar sobre una situación y aportar los planes, las soluciones, los avances, las victorias y las estrategias como lo puedes hacer tú.

Permíteme que sea claro: ellos pueden intentar *sonar* como tú. La gente trata de imitar las voces de otras personas todo el tiempo. Pero la voz es como la huella digital. Tu huella digital es única. Hay alrededor de siete mil millones de personas en el planeta, y Dios es tan asombroso que les dio a cada una de esas personas una voz particular, única, exclusiva.

No hay dos personas exactamente iguales. Tu voz es única; no se parece a la de nadie más. Eso nos muestra que Dios te ha dado habilidades, talentos y dones de una manera que es única en comparación con la forma en que se las ha dado a cualquier otra persona. Podemos tener dones y talentos similares, pero la combinación única de nuestros dones nos distingue de los demás.

Tú eres único, sin par y tienes una voz única. Encontrar tu voz, esa característica única tuya, viene a través de la inspiración. Insisto, puedes tener personas a las que consideres modelos a seguir. Puedes sentirte atraído por ciertas personas y sus dones o experiencias. Esas personas pueden enseñarte y ayudarte de la misma forma que un maestro enseñaría a su aprendiz. Puedes sentarte a la sombra de alguien para aprender lo que sabe, pero aun así hay algo único que Dios te ha dado por hacer.

REFINA TU VOZ

Abrazar algo novedoso o saber qué hacer con la unción única que Dios concede puede ser muy difícil para algunas personas, puesto que se necesita fe para dar un paso adelante en cosas como esas. Se necesita fe para creer en Dios y actuar conforme a la inspiración. Se necesita fe para seguir adelante. A veces se precisa confirmación para saber que lo que estás escuchando realmente es de Dios. Tener gente profética de tu lado puede ayudar con esto. Individuos que te profeticen cosas como «Has estado pensando en esto...», «Has estado diciendo esto...», «Has estado haciendo esto...» o «Te has estado preguntando qué significa esto». Incluso, pueden confirmar tus pensamientos y decirte: «Pero lo que el Señor te estaba diciendo es: soy Yo. Te estoy presionando». Las palabras de personas como esas te darán confirmación.

Cada uno de nosotros luchamos a menudo con lo que Dios nos dice, sobre todo cuando eso es algo tan diferente y específico. No queremos estropearlo. No queremos hacer algo que Dios no nos está llamando a hacer, aunque tengamos visiones al respecto.

Es importante rodearse de personas que te inspiren si es que vas a dedicarte a hallar tu voz. Esto va más allá de la gente profética y religiosa. Las personas que hacen cosas similares a lo que tú haces pueden ayudarte a refinar la forma en que usas tu voz. Ellos han estado ahí. Saben lo que la gente necesita o espera. Ellos pueden ayudarte a ir más allá y expandirte en dirección a cosas nuevas en el área a la que Dios te ha llamado. Cuando sigues en compañía de personas que inspiran, ellas hablan sobre lo que eres y en qué áreas o aspectos eres dotado. Cuando hablan, sale el aliento. Ese es el poder. Eso es inspiración. Jesús dijo: «Las palabras que les he hablado son espíritu y son vida» (Juan 6:63). Son aliento. A menudo, Dios usa a esas personas para hablarnos sus palabras, para soplar sobre nosotros. La palabra griega traducida como «espíritu» significa «aliento», «viento» y «aire».

Lo que es importante notar aquí es que las palabras llevan un espíritu. Cuando alguien predica, profetiza, decreta, anima, edifica o eleva, sus palabras portan el Espíritu de Dios. O pueden llevar un espíritu demoníaco. Las personas que mienten, chismean, maldicen y operan con brujería liberan cosas demoníacas con sus palabras, su aliento, sus bocas. El Evangelio de Juan dice que Jesús sopló sobre sus discípulos y dijo: «Reciban el Espíritu Santo» (Juan 20:22).

A medida que comiences a refinar la forma en que Dios te ha diseñado para activar el cielo con tu voz, tus talentos y tus dones únicos, entenderás que lo que hablas lleva el Espíritu de Dios. Esto sucederá siempre y cuando encomiendes tu camino a él y digas lo que él dice. Tu lengua debe ser controlada por el Espíritu Santo.

El libro de Santiago dice:

Pero nadie puede domar la lengua. Es un mal irrefrenable, lleno de veneno mortal. Con la lengua bendecimos a nuestro Señor y Padre, y con ella maldecimos a las personas, creadas a imagen de Dios. De una misma boca salen bendición y maldición. Hermanos míos, esto no debe ser así. ¿Puede acaso brotar de una misma fuente agua dulce y agua salada? Hermanos míos, ¿acaso puede dar aceitunas una higuera o higos una vid? Pues tampoco una fuente de agua salada puede dar agua dulce. ¿Quién es sabio y entendido entre ustedes? Que lo demuestre con su buena conducta, mediante obras hechas con la humildad que le da su sabiduría.

—SANTIAGO 3:8-13

Ya sea que estés hablando o escuchando, las palabras que salgan de ti y entren en tu vida deben ser inspiradas por Dios.

Cuando te rodeas de personas que te inspiran con sus palabras, ellos te dan inspiración. Te predican. Profetizan sobre ti. Ya sean apóstoles, profetas, evangelistas, pastores o maestros, te conmueven con sus palabras. Sus palabras te inspiran a pensar cosas nuevas, lo que te lleva a ser innovador y creativo.

Puedes decir: «Nunca pensé en eso antes». Puedes comenzar a escribir, pensar y planificar. Puedes comenzar a hacer cosas que nunca antes habías hecho. Esa es la esencia del poder de predicar la salvación a las personas. Incluso cuando salgas a predicar a lo largo de tu vida, inspirarás a las personas a pensar de una manera completamente nueva, librándolos del pecado, la vergüenza y la esclavitud.

Debes resguardar tu voz y tus dones, por lo que no puedes permitirte estar con personas que no te inspiren o que te inspiran a hacer algo incorrecto. No necesitas inspiración demoníaca. Necesitas la inspiración de Dios. Las personas que te inspiran y te ayudan a encontrar tu voz, tu identidad, tu vocación y tu propósito son aquellas a las que llamo conexiones Cornelio. Otros pueden llamarlos conexiones divinas. Son personas que Dios ha ordenado que conozcas, ciertas personas a quienes Dios ha puesto en tu camino para hablar a tu vida, profetizar, ministrarte e inspirarte. Son las personas que ayudan a refinar tu voz y a mejorarte.

LA PALABRA DEL SEÑOR CONCERNIENTE A LA INSPIRACIÓN

Como mencioné anteriormente, estar en una atmósfera profética nos inquieta y hasta nos conmueve. Así que continuarás notando las oraciones, las activaciones, las confesiones y la palabra del Señor expuestas a lo largo de este libro. Creo que eso ayudará a agudizar y refinar la precisión de tu voz y te preparará para abrazar el sonido que tu vida difundirá en la tierra. Incluso mientras escribo esto, escucho al Señor decir lo siguiente:

Estoy derramando inspiración en mis ministros, profetas y apóstoles a todo lo largo de mi pueblo. Mientras ellos prediquen, profeticen, ministren y enseñen, comenzarán a inspirar y a inquietar a los demás, de modo que todos empezarán a pensar de acuerdo a mi voluntad. Mis planes les serán dados a conocer y provocaré una nueva visión y unos nuevos sueños. Haré que caigan sobre ti cosas nuevas, porque estoy haciendo que mis profetas profeticen algo nuevo en esta hora.

Comenzarás a moverte en algo nuevo, porque te he diseñado para caminar en novedad de vida. Estoy derramando cosas nuevas sobre ti por inspiración, así que prepárate, porque realmente harás algo nuevo, fresco y diferente. Crearás nuevos modelos, tendrás nuevas estrategias y harás cosas novedosas. Te daré todo eso en tus sueños y en tus pensamientos. Te mostraré cosas que nunca antes habías visto. Haré que pienses en áreas en las que nunca antes habías pensado.

Estoy destruyendo las limitaciones de tu mente. Voy a hacer que pienses sin límites. Voy a quebrantar las limitaciones de la tradición, la religión y las personas que han dicho que no puedes ir más allá de lo que ves o que solo puedes hacerlo en cierta manera. Voy a ofrecer nuevos modelos creativos y nuevas formas de salir de esa manera de pensar.

Estoy respirando sobre ti. Estoy haciendo que tus pensamientos se inspiren en mi palabra. Estoy provocando que un nuevo aliento, un nuevo viento venga sobre ti, aun cuando me encomiendas tus caminos y tus planes.

Respiraré en tu mente. Haré que tus pensamientos sean inspirados. Y observa, en los próximos días, a medida que avanzas con la inspiración, descubrirás nuevas formas y nuevas plataformas. Te conectaré con las personas adecuadas, aquellas que te inspiran y te conmueven. Haré que sus palabras, sus consejos, su predicación, su enseñanza y su ministerio profético derramen un nuevo aliento y un refrescante viento sobre tus pensamientos.

Estoy cambiando tu modo de pensar. Has estado pensando a la antigua. Has pensado basado en un molde añejo. Tu pensamiento ha sido limitado, pero estoy destruyendo tus limitaciones y cuando termine con eso tú descubrirás que tus dones, tu llamado y tu unción son mucho más grandes que lo que te han dicho. Incluso las cosas ocultas: los dones, habilidades y talentos velados; las cosas que has descuidado; los dones que no has estimulado; las cosas que has pasado por alto; y las cosas en las que no has entrado debido al miedo, la aprensión, la incertidumbre y la duda, todo eso me ha hecho intervenir para hacer que esas cosas vuelvan a cobrar vida.

Estoy haciendo que mi palabra se revele para que la fe se inquiete en tu corazón de modo que puedas levantarte y seguir adelante, para que puedas hacer las cosas que te estoy instando a hacer en este tiempo. Así que se manifestará el surgimiento de nuevas visiones, nuevos sueños, nuevas estrategias, nuevos modelos, nuevos planos, nuevas edificaciones.

Se presentarán nuevas obras. Harás todas esas cosas y algunos dirán: «¿Por qué no he pensado en eso? ¿Por qué no pensé yo en eso? Nunca había visto algo así». Muchos intentarán imitar lo que estás haciendo, pero no podrán hacerlo bien porque a ellos no los mueve la inspiración. De manera que cuando intenten copiar lo que estás haciendo, ya tú habrás pasado a algo nuevo o a un nivel superior.

Nunca te quedarás atrás. Jamás estarás rezagado. Progresarás. Lo lograrás. Triunfarás.

Haré que estés a la vanguardia conforme vayas aprendiendo en cuanto al poder de la inspiración y a medida que respiro sobre tu vida. Cuando veas a los demás intentando copiar y duplicar lo que estás haciendo, es hora de que emprendas algo nuevo. Seguirás moviéndote, seguirás progresando y seguirás avanzando. Seguirás moviéndote en algo novedoso y fresco. Seguirás descubriendo nuevos planes y nuevos propósitos. Seguirás descubriendo lo que he escrito en tu libro. Recuerda: estoy abriendo el libro. Te he llamado a vivir no en el último capítulo, sino en el capítulo presente, y hay más capítulos por venir.

Verás cosas relacionadas con tu vida, tus negocios, tus planes, tus dones y tus talentos que nunca antes habías visto ni imaginado siquiera. Y caminarás en mi singularidad y en mi llamado. Ya no pensarás que es extraño, al contrario, dirás: «Dios me ha hecho de esta manera», y te haré sentir cómodo con lo que eres. Ya no andarás en el camino del autorrechazo ni en el del miedo, la confusión ni el de la baja autoestima y ya no pensarás que no eres importante o que el trabajo que haces no cuenta. Ya no subyugarás tus dones ni tu vocación. Ya no la abandonarás ni la dejarás inactiva. Pero caminarás en mi singularidad. Caminarás en la vocación, los dones y el talento únicos que puse en ti. Estoy respirando sobre ti.

Estoy haciendo que tus dones, tu destino e incluso esos dones y llamamientos en ti que han sido sometidos, sean como el paquete de un regalo de Navidad —decorado con un gran lazo— que recibes y lo abres. Quítate el papel de regalo, abre la caja y mira dentro para que veas los obsequios que te he dado.

Así que encomienda a mí tu camino. Encárgame de tus planes. Encomiéndame tu voluntad. Confíame tus deseos y haré que mis pensamientos y los tuyos se vuelvan uno. Haré que mis pensamientos entren en tu mente con el objeto de que camines de acuerdo a mis planes y propósitos en los días venideros. Eso vendrá a través de la inspiración, el aliento y el viento de Dios que estoy respirando y soplando sobre ti en este preciso momento.

ORACIÓN PARA RECIBIR LA INSPIRACIÓN DE DIOS

Padre, te agradezco porque, así como la voz de cada persona es única, hay un llamado único y un don único en mi vida.

Ya sea en los negocios, el servicio, el ministerio, el gobierno, los medios de comunicación o las artes, respiras sobre mí, porque no estoy limitado a las cuatro paredes de la iglesia. Sácame de esa mentalidad ahora mismo, en el nombre de Jesús. Aunque me comprometo con la casa del Señor, porque es allí donde recibo inspiración, sé que mi voz puede expandirse mucho más allá, hacia las montañas de la cultura.

Te encomiendo mi camino para que mis pensamientos se conviertan en tus pensamientos y mis planes sean tus planes. Ayúdame a conocer mi talento y mi don ya que son únicos. Ayúdame a descubrir mi auténtica voz. Déjame descubrir lo que hay en tu corazón y lo que me estás pidiendo que haga.

Así como haces que mis pensamientos estén de acuerdo con tu voluntad, mis planes se establecerán y tendrán éxito.

Señor, confío en ti con todo mi corazón. No me apoyaré en mi propio entendimiento. Te reconozco en todos mis caminos y sé que enderezarás mis sendas.

Me arrepiento de las ocasiones en las que no hice eso. Aumenta mi fe de modo que crea firmemente que harás todo lo que prometes. Deja que tus pensamientos inspirados entren en mi mente y hagan que mis planes y pensamientos estén de acuerdo con tu voluntad. En el nombre de Jesús, amén.

ORACIÓN PETICIONANDO A DIOS PARA ABRIR TU LIBRO

Padre, oro para que abras mi libro. Muéstrame lo que hay en él. Abre mis ojos; abre los capítulos para que pueda leer las frases de mi libro. Señor, que mi libro ya no me esté cerrado.

Abre mi libro y muéstrame los planes y los propósitos que tienes para mí. Oro para ver tu voluntad de manera clara, Señor. Oro para que cuando se abra el libro, encuentre mi voz, mi propósito y el plan que has diseñado para mí. No perderé mi tiempo haciendo cosas para las que nunca me llamaste porque no conozco mi libro.

Señor, oro porque no intente vivir la vida del libro de otra persona. Hazme saber mi asignación, mi comisión y mi mandato, ya sea en la iglesia o en el mercado. Todo lo que estoy llamado a hacer, Padre, déjame descubrirlo. Ayúdame a verlo. Ábremelo. Amén.

ORACIÓN POR LAS CONEXIONES CORNELIO

Padre, te agradezco por permitir que esta sea una temporada en mi vida en la que al fin encuentro mi voz. Gracias por llevarme a un lugar donde puedo conocer tu plan y tu propósito para mi vida. Señor, al mismo tiempo que te encomiendo mis obras y planes de nuevo, te pido perdón por las veces en las que he tratado de usar mi propia sabiduría y mi fuerza.

Señor, hoy te encomiendo mis planes, mi ministerio, mis negocios, mi educación, mis dones y mis pensamientos. Que se establezcan según tu voluntad. Permite que empiece a caminar en tu voluntad. Deja que mis dones y talentos cobren vida. Respira en mi mente. Déjame descubrir tu voluntad, tu propósito y tu plan para mí y dame fuerzas para seguirlo al pie de la letra.

Que mi voz sea una bendición para mi generación. Que mis acciones contribuyan al progreso de este planeta y al avance de la humanidad. Permite que sea una bendición y déjame hacer lo que me has llamado a hacer.

Pongo fin a todo lo que venga a hacerme perder el tiempo. Pongo freno a todo lo que venga a desviarme del rumbo. Cualquier espíritu que sea asignado para bloquear mis dones y mis talentos, cualquier cosa que me impida descubrir lo que has puesto en mí, y cualquier cosa que haga que mis ojos se cierren a tu plan y propósito para mi vida, lo cancelo en el nombre de Jesús. Haz que cese cualquier confusión o cosa que esté haciendo que no siga tu voluntad en esta temporada de mi vida.

Señor, permíteme conectarme con las personas adecuadas: las que me inspiren, las que son parte de mi destino y las que incluso me ayuden a vivir mi destino. Permíteme ser parte del equipo adecuado y formar el equipo adecuado.

Padre, te agradezco y creo que incluso mientras oro, este día será uno de cambio, un día de liberación, un día de descubrimiento. Dame tu sabiduría sobre cómo se debe hacer todo esto. Dijiste que la sabiduría es lo principal, por lo que te la pido.

Gracias por tu consejo. Gracias por tu Palabra. Gracias por tu comprensión. Te doy alabanza. Te doy gloria. Te honro por todo esto. En el nombre de Jesús, amén.

CAPÍTULO 4

POR TODA LA TIERRA

Por toda la tierra salió su voz, y hasta el
extremo del mundo sus palabras.
—SALMOS 19:4, RVR1960

A MEDIDA QUE EL Señor comience a inspirar tu propósito y abra el libro del destino de tu vida, comenzará a llevarte al lugar en el que se escuchará tu voz y el cielo descenderá, prácticamente. Y así como no hay lugar en el mundo que pueda esconderse del sol, la luna y las estrellas o los cielos, ningún lugar donde Dios te envíe quedará intacto por lo que hables y muestres a través de los dones y el divino llamado a tu vida. En otras palabras, no hay lugar en el planeta que esté fuera de tu alcance. Tu voz, tu sonido, tu discurso pueden ir a cualquier parte. El enemigo y la gente que él usa pueden tratar de detenerte, pueden intentar silenciarte y arrinconarte, pero Dios tiene una manera de hacer que tu voz se escuche en las naciones.

Hace años descubrí que mi sitio web había sido bloqueado en China. En ese momento, el gobierno estaba bloqueando cualquier sitio web que usara la palabra apóstol o profeta, entre otros, para que el pueblo chino no pudiera encontrarlo. No era algo personal ni, en particular, contra mí. Simplemente no querían que su gente supiera nada sobre lo *apostólico* y *profético* porque creen que eso tiene que ver con sectas religiosas. Pero estoy aquí para decirles que aun cuando ellos puedan intentar hasta apagar internet o desconectar cualquier red, Dios tiene una manera de hacer que la voz del creyente llegue a cualquier lugar donde se necesite que el cielo toque la tierra, sea en China, África, Rusia como en cualquier otro lugar. Así como no puedes evitar que el sol, la luna y las estrellas brillen, tu voz no se puede apagar. No hay lugar ni lenguaje que pueda mantener tu voz fuera cuando Dios quiere llevarla a algún lado. Confía y cree que si Dios te ha dado algo que decir, abrirá un camino para que tu voz sea escuchada. Ningún predicador, ninguna denominación, ningún político y ningún gobierno pueden detener tu voz.

Así que repite lo siguiente conmigo, en voz alta, ahora mismo: «Dios quiere propagar mi voz».

Dios no quiere que estés atrapado en un pequeño edificio, predicando, enseñando, haciendo las cosas fáciles o hablando solo con diez personas. Gracias a Dios por esos diez individuos, por supuesto. No desprecies los pequeños comienzos (Zacarías 4:10). Pero tienes una voz que puede ir más allá de esas diez personas. Dios puede poner tu voz en un libro y luego hacer que se imprima en varios idiomas para que tu voz se multiplique y se distribuya en diversas partes del orbe.

Es muy posible que haya personas a quienes no les agradas, aquellos a quienes el enemigo usa para tratar de limitarte hablando en tu contra, rechazándote y negándose a darte una oportunidad para hablarles. Debo decirte, sin embargo, que a mí no me importaba a cuántos predicadores les agradaba o no lo que yo predicaba. Dios puso las palabras de él en mi boca y un bolígrafo en mi mano y con eso llevó mi voz a todas partes del mundo donde la necesitaba. ¿Por qué? Porque yo soy los cielos. Estoy por encima de todas estas cosas y tú también lo estás. No estamos atrapados en el reino terrenal espiritualmente.

Si hay una situación que sigue acudiendo a tu mente, una circunstancia que te está sucediendo en este instante o un incidente del pasado en el que alguien trató de silenciarte o reprimir tu voz, declara en voz alta y audible en este preciso momento: «No puedes detener mi voz». Di: «Cuando yo hablo, el cielo habla».

CONFIESA EL SALMO 19:4

Hace muchos años, comenzamos a confesar el Salmo 19:4 en la congregación Crusaders Church. Empezamos a decir que nuestro discurso, nuestro alcance como iglesia local iría a toda la tierra y nuestras palabras llegarían hasta los confines del planeta. Así que comenzamos a declarar que no había ningún lugar en el universo donde no se escuchara la voz de los cruzados. Esa fue nuestra confesión. Empezamos a orar por eso, usando el Salmo 19:4. Entonces el Señor comenzó a hablarme acerca de algunas personas fuera de nuestra iglesia como tú: tu discurso irrumpe y tu voz se escucha. Mientras predicaba eso, comencé a recibir llamadas para ministrar en otras naciones. Prediqué en más de ochenta países y muchas veces llevé a nuestros equipos de ministerio conmigo.

Luego, alrededor de 1990, comencé a escribir libros. Hasta ahora he escrito más de cincuenta. Después del lanzamiento de uno de los primeros que escribí, *Oraciones que derrotan a los demonios,* escuché un testimonio sobre una mujer de Irlanda que lo recibió. Ella dijo que lo encontró por casualidad. Ella ni siquiera era creyente y estaba en un ambiente que estaba muy involucrado en el satanismo y la brujería. Pero comenzó a pronunciar las oraciones de ese libro y empezaron a suceder cosas sobrenaturales. Afirmó que su casa comenzó a temblar y que los demonios comenzaron a irse. Al poco tiempo aceptó al Señor y fue liberada.

Este es el poder de la voz, una voz con autoridad, una voz que llega a donde Dios quiere. Mi voz estaba en Irlanda a través de este libro mientras yo andaba en otro lugar del mundo.

También tuve la oportunidad de ministrar cierta vez en Belfast, Irlanda. Además, he ministrado en Dublín. Cuando estaba predicando allá, en la década de 1990, una bomba explotó en la calle de la iglesia donde yo estaba. Toda la estructura del edificio tembló, pero todos los asistentes al servicio se quedaron sentados escuchándome predicar como si nada hubiera pasado. Me pregunté: «¿Alguien más escuchó estallar una bomba?».

En aquel tiempo, se estaba librando una guerra civil en ese país. Cuando regresé al hotel después de predicar, vi informes noticiosos de que habían volado un hotel al final de la calle de la iglesia donde estaba predicando. La gente estaba tan acostumbrada a las explosiones y a la guerra que ni se inmutó. Durante el conflicto, muchos de los miembros de esa iglesia fueron asesinados. Incluso hombres armados habían entrado a la congregación y habían disparado contra los presentes.

A lo largo de los años de viajar y ministrar por todo el mundo, me he encontrado predicando en lugares tan enardecidos como ese. Ya no voy tanto como solía hacerlo pero, cuando lo hago, paso un buen tiempo profetizando, orando por las personas y ministrando a la gente.

Cuando Dios nos llamó —a Crusaders Church y a mí— para ir a las naciones, mis libros comenzaron a traducirse a varios idiomas: español, francés, polaco, hindi, swahili, ruso y muchos otros. Debido a que empezamos a confesar el Salmo 19:4, la palabra que el Señor le dio a nuestra iglesia no se quedó con ella en el lado sur de Chicago. Llegó hasta los confines de la tierra a través de la palabra escrita instando a las naciones. Nos hemos convertido en una iglesia cuya voz toca al mundo.

Tu voz puede llegar a lugares que nunca imaginaste. Tus palabras se pueden escuchar en naciones en las que nunca imaginaste que se escucharían. Es realmente sorprendente lo lejos que puede llegar tu voz y qué lugares alcanza. El enemigo intenta limitar tu voz diciendo: «Solo puedes hablar aquí»; «Nunca saldrás de tu ciudad»; «Nunca saldrás de tu estado»; «Nunca saldrás de tu nación».

Escucha, si Dios te ha dado un don especial en el área de la música y la adoración, empieza a cantar y a escribir canciones, cree que tus canciones se oirán en lugares donde nunca imaginaste que se escucharían. Tu voz no se limita a tu dormitorio ni a tu ducha. Tu voz se puede escuchar en cualquier lugar que Dios quiera. Aun cuando tus amigos y tu familia te digan que te calles, que no tienes nada que decir, que lo que digas no tiene relevancia alguna, Dios puede hacer que tu voz llegue hasta los confines de la tierra, especialmente ahora con las redes sociales. Puedes simplemente levantar el teléfono y ser escuchado en todo el mundo. Tu voz tiene el potencial de llegar a los confines de la tierra.

Así que no la refrenes. No limites tu voz. Deja que se escuche. Dios te ha dado algo que decir. La gente de otras naciones necesita escucharlo. Dios ha puesto en tu boca una palabra de liberación. La gente de otros países necesita liberación. Dios ha puesto una palabra profética en tu boca. La gente de otras naciones necesita escuchar esa palabra profética. Tu expresión, tu medida, tu alcance pueden ir por toda la tierra y tus palabras pueden llegar hasta el fin del mundo.

HASTA LO ÚLTIMO DE LA TIERRA

Además de brindarte una nueva forma de ver tus dones, tus talentos espirituales y tu identidad celestial —como los cielos, que declaran la gloria de Dios—, estoy escribiendo este libro para ayudarte a romper las limitaciones de tu voz, tu sonido y tu boca. No escribo esto para decirte algo en lo que estoy creyendo. Te escribo para contarte algo que estoy experimentando en mi propia vida. Esta verdad está en la Palabra de Dios y se aplica a todo creyente. No hay lugar en el mundo donde no se escuche tu voz y no se sienta tu impacto en el reino.

Como mencioné en el capítulo 1, Pablo citó el Salmo 19:4 en Romanos 10:18 en relación con el evangelio predicado por los apóstoles durante el primer siglo. Habían ministrado desde Jerusalén y Judea hasta Asia Menor y los confines de la tierra. No creo

71

que muchos creyentes realmente sepan cuán efectiva fue la iglesia del primer siglo en la predicación y la ministración del evangelio, porque en algunos círculos, ni siquiera hemos estudiado realmente cuántos de ellos salieron por el mundo.

A partir de los ciento veinte creyentes que estaban en el aposento alto, el evangelio comenzó a extenderse: Pablo fue enviado en calidad de apóstol a los gentiles; Bernabé fue enviado como misionero; Judas, Silas, Apolos y Timoteo también. Esos hombres fueron a muchas ciudades como Antioquía, Corinto, Éfeso y Filipos. Luego, por supuesto, hubo otros que fueron a Alejandría en Egipto, que está en el norte de África, y predicaron el evangelio. El apóstol Tomás fue a la India para predicar el evangelio y murió allí. Cuando fui a la India, mis anfitriones me llevaron a su tumba.

Desde la época de los apóstoles, el evangelio se difundió por todo el mundo conocido en esa generación. La gente de esa época tuvo la oportunidad de escuchar el evangelio y de arrepentirse. De hecho, Pablo —en realidad— dice en Colosenses 1:23, lo siguiente: «Este es el evangelio que ustedes oyeron y que ha sido proclamado en toda la creación debajo del cielo».

En principio, Jesús los envió de Jerusalén y, cuando comenzaron a predicar el evangelio, la Biblia dice en Hechos 8:1 que Dios permitió que llegara una gran persecución a la iglesia, lo que en realidad los obligó a dispersarse. (Hablaremos más en el capítulo 7 sobre la persecución que puede venir como resultado de ser una voz del cielo y cómo resistirla).

TU DISCURSO SE DIFUNDE

Dios está soltando tu voz. Tu discurso se difunde. Tus palabras van a lugares que nunca supiste que irían, más allá de donde alguna vez imaginaste. Así como el hombre de Macedonia que apareció en la visión de Pablo, la gente se pondrá en contacto contigo desde lugares de los que nunca has oído hablar, diciéndote: «Escuché tu canción». «Escuché tu mensaje». «Escuché tu predicación». «Escuché tu conferencia». «Leí tus libros».

Te escribirán desde lugares que nunca imaginaste. En alguna aldea remota de algún rincón del mundo, alguien con un teléfono o computadora puede conectarse contigo a través de una conferencia en línea, un seminario web, una llamada de oración o una transmisión en vivo por Facebook o Instagram. Van a escuchar una palabra que romperá el poder del infierno en sus vidas. Dios tiene una manera de hacer que tu voz salga así como brillan las estrellas y el sol. No hay lugar donde tu voz no pueda ir.

Al emplear los cielos como metáfora, Dios está diciendo que así como los cielos cubren la tierra y no hay lugar que se oculte de ellos, la predicación y la enseñanza de la Palabra de Dios también pueden ir a todas partes. Ningún sistema político, dictadura ni régimen político, ninguna bruja o brujo ni ente perverso puede evitar que eso suceda. Dios está extendiendo tu voz. Dios te llamó para que tu voz pudiera ser escuchada. Dios te salvó y te llenó del Espíritu Santo para darte una voz. Dios deja caer su palabra en tu boca para que la hables. No subestimes a Dios. Es probable que seas un verdadero desconocido y publiques un video en las redes sociales que se vuelva viral.

«EL VIEJO CAMINO DE LA CIUDAD»

Hice un estudio sobre un tipo que tenía una canción exitosa llamada *«Old Town Road»*. Su nombre es Lil Nas X. Antes de investigar el fenómeno en que se convirtió la canción, no sabía nada de él. Lo escuché por primera vez mientras veía los premios BET, que no suelo ver. Pero esa vez, lo encendí y él estaba saliendo al escenario. Es un rapero afroamericano que interpreta una canción *country* acompañado por otros músicos afroamericanos. La canción se ha difundido por todo el mundo.

Así que hice un pequeño estudio sobre ese tipo y descubrí que antes de que se hiciera popular, hacía presentaciones para niños. Él iba a las escuelas para interpretar su canción «Old Town Road» para los niños. Una cosa que él debe haber sabido es que, si te haces de los niños, te haces de los adultos. Luego leí cómo comenzó a promocionar su canción en las redes sociales y cómo, simplemente, se convirtió en el número uno.

Si una canción como esa puede dar la vuelta al mundo, cualquiera puede usar su creatividad y producir algo que pueda volverse viral. Y para ti, que estás declarando la gloria de Dios, recuerda que con Dios todas las cosas son posibles. No lo límites y no trates de averiguar cómo va a cumplir su Palabra.

Tú puedes ser alguien a quien Dios envíe a otras naciones. Debido a que hay algo único en tu voz que necesita ser escuchado, él puede enviarte a Europa, África, Asia, el Caribe, América Latina o Australia. Dios te abrirá esas puertas. «Prepárate», dice el Señor, «te encontrarás hablando con personas con las que nunca soñaste que hablarías».

¿LOCAL O GLOBAL?

Hace poco, un miembro de mi iglesia me habló de una puerta que el Señor le abrió para ir a las Naciones Unidas. Mientras estuvo allí, escuchó sobre los planes para las ciudades inteligentes que ahora se están desarrollando en todo el mundo. Nadie vive en esas ciudades todavía, aunque históricamente, las ciudades se construían cuando la gente llegaba a ellas para establecerse.

Chicago, la ciudad en la que vivo, comenzó como una fortaleza. Fue fundada por un hombre haitiano llamado Jean-Baptist-Point Du Sable. Era un comerciante de pieles y cereales. Con todos sus ríos y sus lagos, Chicago era un importante centro comercial. Pronto, más personas comenzaron a mudarse al lugar y creció tanto que se convirtió en una de las principales ciudades de Estados Unidos. Pero ahora, según una dama que asiste a nuestra congregación —Crusaders Church—, están construyendo esas ciudades inteligentes en África y China en las que todavía no vive nadie. Son ciudades planificadas y habría que invitar a la gente a vivir en ellas.

«Siento un llamado a esto —me dijo la señora—. Eso es diferente. Y yo soy diferente».

Lo que sé de ella como miembro de mi iglesia es que tiene un llamado a predicar y ministrar, pero también sintió el llamado a ser parte de las Naciones Unidas.

Así que la animé y le dije: «Eres única. No todos en la iglesia tienen el deseo de hacer eso, pero tú sí, lo cual es muy importante».

Entonces ella fue y comenzó a operar en ese campo. Su llamado fue algo diferente, algo único y algo fuera de lo que normalmente vemos dentro de la iglesia.

Tienes una voz y también tienes un llamado. Puedes ser diferente. Puedes ser único. Puedes ser parte de algo en lo que otros no se involucran. Podrías ser un ministerio nuevo en la iglesia. Podrías ser algo ajeno a la iglesia relacionado con el gobierno o la economía.

El rapero y cantante Akon está construyendo una ciudad de criptomonedas en Senegal. Es asombroso lo que Dios hará a través de nosotros para traer el cielo a la tierra y a la vida de las personas. Incluso a través de empresas como la de Akon, que se está llevando a cabo en un lugar donde la pobreza ha sido como el infierno en la tierra para algunos; se avecinan grandes avances y riquezas.

Recuerda, todo lo que hagas, tu don, tu llamado, debes encomendarlo a Dios.

CONVIÉRTETE EN LA RESPUESTA

Aun cuando no todos son llamados a ser una voz importante en todo el mundo, no es tu destino vivir una vida ordinaria y luego ir al cielo algún día. Es posible que tu esfera de influencia no sea tan amplia como la de otras personas, pero no te compares con ellos. Hacer lo que Dios *te* ha llamado a hacer es importante. Tu don y tu llamado traerán progreso y bendición a la humanidad. Dejarás un legado y contribuirás con algo que mejore la vida de alguien.

Hace poco, estaba enseñando sobre una de las cosas que Dios nos ha llamado a hacer, que es ser respuesta a los problemas. Cuando traemos la voz del cielo a una situación, traemos una solución a los problemas. Siempre hay un problema que debe resolverse.

Un grupo de investigación llamado Unión de Asociaciones Internacionales ha publicado lo que se llama *The Encyclopedia of World Problems and Human Potential*. Está a tu disposición en línea. Mientras lo hojeaba, me sorprendió lo que se cataloga como problemas en este planeta. Desde el terrorismo y los asuntos sanitarios hasta la pobreza, los problemas de las mujeres y el tráfico sexual, han enumerado miles de problemas que necesitan soluciones.

Dios ha equipado a alguien con un don y un talento para traer una solución a algún problema, ya sea inventando una nueva tecnología, diseñando un plan o esbozando un propósito. Con solo mirar la lista de problemas mundiales, me sentí abrumado. Ni siquiera los leí todos. Había tantos: ignorancia, derechos de la mujer, orfandad, enfermedades, problemas de salud mental, adicción a las drogas. Todos esos son problemas que necesitan solución, y es posible que tú tengas un don que dé solución a cualquiera de esos conflictos. La gente necesita tu don, tu talento y tu habilidad. A medida que busques formas de resolver algunos de los problemas de nuestro mundo, Dios te abrirá oportunidades y te dará una estrategia en cuanto a cómo puedes aportar soluciones.

Puedes comenzar desarrollando algo pequeño (un ministerio, un negocio, una organización benéfica o una organización) o incluso simplemente trabajar con alguien o con una empresa porque resuelvan cierto problema. La comida rápida surgió porque la gente tenía un problema: no podían conseguir comida rápidamente. Cada vez menos personas tenían tiempo para ir a casa y cocinar tres comidas al día, pero tenían que comer. Entonces, aparecieron las franquicias de comida rápida por todas partes, debido a que alguien descubrió una manera de hacer que las personas comieran rápido en vez de tener que cocinar tres comidas al día en casa.

Sin embargo, luego surgió otro problema. Con tantos restaurantes de comida rápida que ofrecen alimentos baratos, sencillos pero grasosos, la gente comenzó a tener problemas de salud. Eso puso a otro grupo de personas, con dones y talentos relacionados, a trabajar en la búsqueda de soluciones para ello.

Siempre hay una solución a cada problema.

Henry Ford inventó un automóvil porque tardaba demasiado en llegar del punto A al punto B. Se hizo rico resolviendo ese problema. Hoy tenemos toda clase de dispositivos móviles porque teníamos problemas para comunicarnos con la gente. Nos comunicamos, pero la comunicación era lenta o inconveniente. Gracias a Dios, ya no tenemos que usar código Morse ni señales de humo para comunicarnos con los demás. Ahora puedo conectarme a internet y hablar contigo a través de las retransmisiones de Zoom y Facebook Live. Había un problema (falta de comunicación o comunicación lenta) y alguien usó su capacidad para resolverlo. Todos esos esfuerzos hicieron que nuestras vidas fueran mejores y más fáciles, dándonos la capacidad de hacer cosas que nunca antes habíamos hecho.

Cuando traes respuestas y soluciones que mejoran la vida, prácticamente traes el cielo. No hay ningún lugar al que tu voz no llegue, porque tienes algo que la gente necesita. Declaro que no habrá limitación en cuanto a adónde irás ni en cuanto a qué puertas se te abrirán. Si estás destinado a los pasillos de la academia, deja que tu voz se escuche en las universidades. Si estás destinado a gobernar y a legislar, deja que tu voz se escuche en los pasillos del Congreso. Si estás llamado a instruir e iluminar a la próxima generación, deja que tu voz se escuche en las escuelas y en el sistema educativo.

Si eres llamado a ser una influencia en los medios de comunicación y del entretenimiento, deja que tu voz se escuche en la televisión y la radio. Que se escuche en las redes sociales. Que se escuche en Hollywood. Que se escuche en la industria del entretenimiento. Que se escuche en todas partes. Que se escuche en las islas del mar. Que se escuche en todas las naciones y en todos los idiomas. Quítate el bozal de tu boca para que seas escuchado y toda la tierra sea bendecida.

ORACIONES PARA EXTENDER TU VOZ

Padre, rompo con cualquier limitación que el enemigo haya puesto alrededor de mi voz, en el nombre de Jesús.

_____

Destruyo todo poder de brujas y brujos que intenten impedir que mi voz sea escuchada en las naciones. Lo reprendo.

_____

Ato a los demonios del islam, el comunismo y el humanismo que dicen que la voz de la Iglesia no será escuchada. Decreto el Salmo 19:4 sobre mi vida.

_____

Padre, lleva mi voz donde sea que tenga que ir. Que se escuche. Que mi voz traiga sanidad. Que mi voz traiga liberación. Que mi voz traiga bendición.

_____

Decreto que no hay ningún lugar donde mi voz no pueda ser escuchada. Mi discurso se está ampliando. Mi alcance se incrementa. Cuando hablo, el cielo habla por mí. Mi voz es la voz del cielo. Mi cántico es el cántico del cielo. Mi palabra profética es una palabra del cielo.

_____

Gracias, Señor, por hacer que mi voz se difunda y sea de bendición para las personas que nunca había conocido ni visto antes, personas en diversas naciones que hablan idiomas diferentes al mío.

Mi voz anunciará la gloria de Dios. Con mi voz alabaré al Señor. Me regocijaré.

Mi voz se dará a conocer en los próximos meses. Irá a lugares donde nunca ha estado.

Creo que mi discurso se está ampliando. Va más allá. Se está extendiendo. Está saliendo.

No hay lugar, ni idioma, ni ámbito en el que no se escuche mi voz, la voz de la iglesia, la voz del evangelio y de las buenas nuevas.

Señor, permite que la voz de la iglesia se escuche nuevamente en mi tierra.

Que se escuche la voz del apóstol, la voz del profeta, la voz de los evangelistas, la voz del pastor, la voz del maestro, la voz del salmista en cada nación, en cada ciudad, en cada región, en cada barrio y en cada casa, en el nombre de Jesús.

Alzaré mi voz como trompeta en Sion.

_____

Dejaré que se escuche mi voz.

_____

No tendré miedo de soltar mi voz.

_____

Tengo una voz valerosa.

_____

Diré lo que Dios me diga.

_____

Hablaré lo que Dios me diga que hable.

_____

Decretaré lo que Dios me diga que decrete.

_____

Levantaré mi voz.

_____

Gritaré y los muros de Jericó se derrumbarán.

_____

Alzaré mi voz como una trompeta y soltaré el cielo sobre la tierra.

_____

Que se escuche el cielo, en el nombre de Jesús.

_____

CAPÍTULO 5

MENTALIDAD CELESTIAL PARA BENDICIÓN TERRENAL

Si, pues, habéis resucitado con Cristo, buscad las cosas de
arriba, donde está Cristo sentado a la diestra de Dios. Poned
la mira en las cosas de arriba, no en las de la tierra.
—COLOSENSES 3:1-2, RVR1960

C UANDO DIOS CREÓ el sol y la luna, el acto fue más que un hecho físico. Al poner el sol para gobernar de día y la luna para regir de noche, Dios estableció una imagen profética del reino. Deberíamos gobernar de día. Deberíamos regir de noche. Deberíamos tener autoridad. Debemos caminar en el poder del reino. Entonces, cuando él formó las estrellas, eso no tenía que ver solamente con algo celestial. Fue algo profético.

En 1 Corintios 15:41 (RVR1960), Pablo habla de la gloria de las estrellas y otros cuerpos celestes: «Una es la gloria del sol, otra la gloria de la luna, y otra la gloria de las estrellas, pues una estrella es diferente de otra en gloria». Pero somos los cielos los que declaramos la gloria de Dios. Somos portadores de su gloria.

Cada vez que miras al cielo, debes verte a ti mismo. Deberías ver imágenes de lo que debes ser. Deberías verte a ti mismo resplandeciendo, la luz del mundo, lleno de gloria, lleno de poder y lleno de esplendor. No eres cualquier Don Juan de los Palotes, aunque el diablo tratará de hacerte pensar que lo eres. Él te golpeará y te aporreará. Las mentiras que te dice te harán bajar la cabeza si no tienes una revelación sobre tu identidad celestial.

Llegar a comprender lo que eres en estos nuevos términos puede ser más fácil de decir que de hacer. Mientras lees esto, puedes estar diciendo: «No me siento como que soy el cielo». No estamos hablando de sentimientos. Hablamos de fe. Olvídate de tus sentimientos. De lo que se trata es de la fe y de lo que dice la Palabra de Dios. Debes confesar esto: «Yo soy el cielo», aunque no te agrade. Puede que te sientas como un absoluto perdedor, pero es mejor que empieces a abrir la boca y a confesar lo que Dios dice de ti.

Deja la autocompasión. No tienes que hacerte la víctima ni mucho menos serlo. No eres perdedor. Empieza a decir lo que Dios dice. El diablo es un mentiroso. Dios está a punto de hacer algo nuevo en tu vida, lo cual vendrá por revelación y conocimiento de la Palabra de Dios. Eres mucho más grande que lo que crees. Dios está tratando de mostrarnos en las Escrituras que nos creó para que viviéramos por encima de las cosas de esta tierra. No vivas por debajo de tu condición verdadera. Tú eres el cielo.

LAS COSAS DE ARRIBA

Es probable que hayas escuchado a la gente decir: «Eres tan celestial que no sirves para vivir en la tierra». No creo eso. Si eres verdaderamente celestial, harás mucho bien en la tierra. El problema es que no tenemos suficientes personas con mentalidad celestial. Al contrario, son muchos los que se caracterizan por ser carnales y terrenales. De forma que necesitas tener una mentalidad celestial que, a la vez, es una mentalidad espiritual. Necesitas manifestar los cielos sobre la tierra. ¿Qué hay en el cielo? Gloria, poder y autoridad. No hay pobreza ni penuria en el cielo. Allá no hay escasez. No hay enfermedad tampoco. Eso es en los cielos, pero debo decirte algo más poderoso y trascendental: es posible tener un toque de cielo mientras estás en la tierra. No te conformes con el infierno que se vive en la tierra. Ten fe para vivir en el cielo, aun cuando estés en la tierra.

Los cielos dominan sobre todo. Deja de verte a ti mismo como una persona terrenal atrapada en este planeta. Puedes vivir por encima de las cosas de la tierra, las cosas pertenecientes a esta existencia caída. No dejes que lo que está sucediendo en la tierra te deprima. No permitas que la gente carnal te deprima. Puedes poner tu mente en las cosas de arriba y vivir por encima de todo lo demás.

Puedes alabar a Dios. Puedes ser alegre. Puedes hablar. Puedes profetizar. Puedes orar. Puedes cantar. Puedes ejercer autoridad, porque eres los cielos. El progreso es pertinente al cielo. La curación es propia del cielo. En el cielo imperan la rectitud, la justicia y el amor de Dios. El cielo es un lugar en el que ocurren milagros tras milagros tras milagros. En los cielos, los milagros son lo normal.

Cuando tu mente está puesta en las cosas de arriba, hablas como habla el cielo. La Biblia dice: «Como [el hombre] piensa en su corazón, así es él» (Proverbios 23:7, RVR1960). Medita en las cosas del cielo. Piensa en los milagros. Reflexiona en la prosperidad, la liberación y el shalom que imperan en el cielo.

Dios está expandiendo tu voz. Tanto que tu discurso llega a toda la tierra. Dondequiera que va ese eco, tu voz activa lo milagroso. Tu voz cambia vidas y libera a los cautivos del enemigo. «Todo lo que es verdadero», dice Filipenses 4:8, «todo lo que es honesto, todo lo justo, todo lo puro, todo lo amable, todo lo que es de buen nombre; si hay alguna virtud, y si hay alguna alabanza, piensa en estas cosas». Estas son las cosas que existen en el cielo. Son las cosas, en las que —como voces del cielo—, debemos caminar. Así que cultiva una mente celestial para que seas de gran bendición en la tierra.

PERMITE QUE SE MANIFIESTE LO MILAGROSO

Tu voz trasmite la bondad de Dios a la tierra. Aquellos que estén bajo el sonido de tu voz serán transformados, sanados y liberados.

Hemos hablado en cuanto a que tu discurso está conectado con tu voz y acerca de la manera en que Dios te ha dotado de formas insuperables para difundir el evangelio: predicando, enseñando, escribiendo libros, componiendo canciones, resolviendo problemas y mejorando al mundo. Tus dones son esenciales para activar de manera única el cielo y desatar en la tierra lo que está desatado en el cielo (Mateo 18:18).

En 2 Timoteo 1:6-7, Pablo le dijo a su joven discípulo que avivara el don de Dios que estaba en él. Como hemos comentado, otro término para *don* es *investidura*. Pablo le dijo a Timoteo que avivara la investidura especial que Dios le había dado por profecía mediante la imposición de las manos. No solo eso, continuó diciéndole que no descuidara el don que Dios le había dado.

Lo que he descubierto es que Dios no se limita en cuanto a lo que nos concede en el aspecto de los dones y los talentos. Hay más que solo las manifestaciones del Espíritu que se encuentran en Romanos 12 y 1 Corintios 12. Hay más con lo que él puede llenarnos que el ministerio quíntuple de Efesios 4. Las investiduras son más que esos dones.

A menudo, cuando te bautizas en el Espíritu Santo, Dios te revela cómo te ha dotado en un sueño o en un servicio de la iglesia. Él puede hablarte por profecía con la imposición de manos. Él puede darte esos dones a través de un encuentro con su gloria. También puede impartir gracias, mercedes, habilidades y talentos especiales en tu vida a medida que creces y te desarrollas.

Cada creyente lleno del Espíritu tiene un don especial. Algunos tienen más de uno. Esos dones especiales conducen a resultados milagrosos. La Biblia Amplificada [en inglés], incluso, usa la expresión «dones especiales» para describir los dones que se nos han dado, los cuales despliegan poder milagroso o sobrenatural: «En cuanto a los dones espirituales [la Biblia Amplificada, en inglés, dice "dones especiales"], hermanos, quiero que entiendan bien este asunto» (1 Corintios 12:1).

Lo que se puede trasmitir a través del don de escribir —que no es ninguno de los dones espirituales enumerados en la Biblia—, es muy importante, porque cuando tienes una investidura para escribir, tus libros pueden tocar a personas de todo el mundo, como ha pasado conmigo. La mujer que se entregó a Cristo a través del libro *Oraciones que derrotan a los demonios* no era cristiana. Ella no había conocido ninguno de mis libros previamente. Acababa de encontrar uno y lo compró. Hasta este día no sé cómo lo consiguió. Nunca le he ministrado en persona, pero fue liberada a través de uno de esos libros.

A medida que comienzas a explorar cómo quiere Dios expandir y activar tu voz, también debes estimular los dones que él te ha impartido y usarlos ya que pueden traer el cielo (liberación, milagros y resultados sobrenaturales) a la vida de las personas. No permitas que nadie perturbe tu don ni tu llamado. Conéctate con apóstoles, líderes proféticos y pastores que estén dispuestos a colaborar contigo, a prepararte, moverte y liberarte, y no que traten de perturbarte o controlarte. Conéctate con líderes que te promuevan y te impulsen.

Dentro del ámbito de mi llamamiento apostólico, tengo una unción o un don especial para inquietar a las personas, para desafiarlas y promoverlas. Dios me ha dado muchos hijos e hijas por todo el mundo. Hay muchos líderes que no comparten sus plataformas con nadie, sobre todo si están comenzando sus ministerios. Esperan hasta que la persona sea conocida antes de invitarlos a colaborar con ellos. Yo no soy de esos. Es parte de mi visión apostólica promover y estimular a otros. Como hizo Pablo con Timoteo y Moisés con Josué, parte de mi don apostólico es criar hijos e hijas con el objeto de ayudarlos a que se desempeñen y se activen en el reino. Y para muchos de ellos, el llamado que Dios me hizo me empodera para introducirlos en el ámbito de las investiduras especiales.

Si me sigues en las redes sociales, es posible que hayas notado cómo utilizo mis plataformas para promover otros dones. Siento liberación al hacer eso puesto que quiero ayudar a las personas a caminar en el destino, el propósito y el llamado de Dios, lo que extenderá el alcance de sus voces.

Mi oración es que este libro sea otra forma en que pueda llegar a muchos más hijos e hijas de Dios a quienes no puedo tocar en forma personal. Esto es parte de mi don especial que ayuda a otros con sus dones y, aún más, que les insta a caminar a nivel de los dones especiales.

LOS DONES ESPECIALES IMPULSADOS POR UNA FE ESPECIAL LLEVAN A MILAGROS ESPECIALES

En la Primera Epístola a los Corintios, 12:8-10, el apóstol Pablo enumera algunos de los dones especiales del Espíritu: «A unos Dios les da por el Espíritu palabra de sabiduría; a otros, por el mismo Espíritu, palabra de conocimiento; a otros, fe por medio del mismo Espíritu; a otros, y por ese mismo Espíritu, dones para sanar enfermos; a otros, poderes milagrosos; a otros, profecía; a otros, el discernir espíritus; a otros, el hablar en diversas lenguas; y a otros, el interpretar lenguas». Pero luego el versículo 28 dice: «En la iglesia Dios ha puesto, en primer lugar, apóstoles; en segundo lugar, profetas; en tercer lugar, maestros; luego los que hacen milagros; después los que tienen dones para sanar enfermos, los que ayudan a otros, los que administran y los que hablan en diversas lenguas». Aquí es donde Dios establece una distinción entre los dones y los califica de manera específica. Empecemos por la sanidad.

Sanidad

Hay dones especiales de sanidad. Estamos conscientes de que todos podemos poner las manos sobre los enfermos. Todos podemos sanar en el nombre de Jesús. En referencia a todos los que creen, el Señor dijo: «Sobre los enfermos pondrán sus manos, y sanarán» (Marcos 16:18). Pero también están los dones de curaciones, dones especiales que brindan a las personas una mayor capacidad de curación, especialmente en casos difíciles como el cáncer, la diabetes o las enfermedades extrañas.

La sanidad es un don especial que realmente necesitamos porque hay muchas enfermedades y dolencias que a veces son difíciles de superar, sobre todo el cáncer. Creo que hay un don especial para curar el cáncer. Conozco personas que han sido curadas de cáncer de manera sobrenatural a través de estos dones especiales.

Milagros

Luego están los dones de los milagros. Todos podemos operar milagros. La liberación es un ministerio de milagros. Creo que hay dones especiales para la liberación. Luego está el verdadero obrar milagros. El apóstol Pablo dice en 1 Corintios 12:28 que: «a unos puso Dios en la iglesia, primeramente, apóstoles, luego profetas, lo tercero maestros, luego los que hacen milagros» (RVR1960). Los milagros son un ministerio. Si eres capaz de ministrar a este nivel significa que tienes un don especial. En Hechos 19:11-12, vemos que Dios obró milagros especiales por manos de Pablo.

Lenguas

Hay dones especiales de lenguas. Insisto, todos podemos hablar en lenguas como resultado de haber sido bautizados en el Espíritu Santo. Pero además está el don de la diversidad de lenguas, que te da la capacidad de hablar en lenguas a un nivel diferente. Esta investidura puede operar en la intercesión, en la interpretación de lenguas o en el hablar diversas lenguas. Es un nivel distinto de unción. Cuando oras, cantas o ministras en lenguas, pueden suceder cosas sobrenaturales. Según 1 Corintios 14:22, las lenguas son una señal para los incrédulos que realmente puede convencerlos y hacerles saber que Dios es real.

En los días del avivamiento de la Calle Azusa, el don de lenguas era tan fuerte que cuando muchas personas fueron bautizadas en el Espíritu Santo, Dios les dio la habilidad sobrenatural de hablar en lenguas extranjeras. De modo que fueron a países donde se hablaban esos idiomas y, en efecto, predicaron y entendieron el idioma de la localidad donde llegaban. Podemos ver el precedente de esto con los apóstoles después de Pentecostés.

> Todos fueron llenos del Espíritu Santo y comenzaron a hablar en diferentes lenguas, según el Espíritu les concedía expresarse. Estaban de visita en Jerusalén judíos piadosos, procedentes de todas las naciones de la tierra. Al oír aquel bullicio, se agolparon y quedaron todos pasmados porque cada uno los escuchaba hablar en su propio idioma. Desconcertados y maravillados, decían: «¿No son galileos todos estos que están hablando? ¿Cómo es que cada uno de nosotros los oye hablar en su lengua materna? Partos, medos y elamitas; habitantes de Mesopotamia, de Judea y de Capadocia, del Ponto y de Asia, de Frigia y de Panfilia, de Egipto y de las regiones de Libia cercanas a Cirene; visitantes llegados de Roma; judíos y prosélitos; cretenses y árabes: ¡todos por igual los oímos proclamar en nuestra propia lengua las maravillas de Dios!».
>
> —Hechos 2:4-11

Sé de una persona a quien Dios le dio la habilidad sobrenatural de hablar francés. Es una mujer de Dios de habla hispana que también habla inglés, pero aprendió francés de manera sobrenatural. Ahora lo habla y lo entiende, aunque nunca lo estudió. Ese es un don especial. La mayoría de nosotros tenemos que aprender el idioma, pero ella acaba de recibir esa habilidad. Ahora habla tres idiomas: francés, español e inglés.

Fe

Me encanta esta investidura: la fe especial o el don de la fe. El apóstol Pablo, en Romanos 12:3, nos dice que Dios le da a cada persona una medida de fe. Sin embargo, esta fe especial les da a ciertas personas la capacidad de creer en Dios en cuanto a cosas inusuales. Es un nivel de fe que hace que el cristiano crea en Dios por cosas que a cualquiera pueden parecerle absurdas. Me encanta este don porque realmente abre el reino de los milagros y les da a las personas la habilidad de creer en Dios por cosas insospechadas, extraordinarias, sobrenaturales.

Conocimiento

El don especial del conocimiento es el que Dios le dio a Daniel y a los tres jóvenes hebreos. Existe tanto el espíritu de conocimiento como la palabra de conocimiento, que es otro don por el que recibes conocimiento de un acontecimiento, una persona o una situación en particular, pasada, presente o futura. Este don te da la habilidad de conocer cosas sobrenaturales. Todos deberíamos tener conocimiento. Todos deberíamos estudiar. Pero hay un don espiritual de conocimiento en el que simplemente conoces las cosas de Dios a un nivel superior.

Sabiduría

Uno de mis dones preferidos es la sabiduría. Es el don principal que todos deberíamos poseer. La Biblia dice que en todo lo que obtengas, adquieras sabiduría (Proverbios 4:7). Cristo es tu sabiduría (1 Corintios 1:30). Si te falta sabiduría, pídela a Dios (Santiago 1:5-6). Dios le dio a Salomón un don especial de sabiduría a través de un sueño (1 Reyes 3). El hijo de David recibió una sabiduría inusual más grande que cualquier rey en la historia. Ningún soberano antes ni después de él, tuvo el nivel de sabiduría que Dios le otorgó a Salomón.

Josué recibió una investidura de sabiduría cuando Moisés impuso sus manos sobre él (Deuteronomio 34:9). La Biblia dice que Josué estaba lleno del espíritu de sabiduría.

Las iglesias pueden tener un don especial de sabiduría. Pablo oró para que la iglesia de Éfeso se llenara del espíritu de sabiduría y revelación (Efesios 1:17). Aun cuando Pablo oró para que la iglesia tuviera sabiduría, conocimiento y comprensión de la voluntad de Dios, también tuvo una investidura reveladora. Tenía una revelación y una percepción especial en cuanto a los planes y propósitos de Dios superior a la de los apóstoles de su época. En sus cartas a la iglesia del primer siglo, Pablo escribió sobre esos misterios. También escribió sobre el entendimiento, que también es un don que permite a las personas no solo conocer los misterios de Dios, las cosas más profundas de él, sino también comprenderlos a cabalidad.

Estos dones de sabiduría, conocimiento, entendimiento y revelación son las que nos llevan a conocer a Dios y los misterios del reino de una manera más profunda. Me gusta mucho esta investidura porque realmente les da a las personas, a los predicadores, a los ministros y a los creyentes una habilidad especial para descubrir ciertas cosas en las Escrituras, para ver asuntos en la Biblia que van más allá de la interpretación normal o lo que se observa a simple vista.

Discernimiento

Hay un don especial de juicio que también se llama discernimiento de espíritus. Este don te da la capacidad de ver cosas que otras personas no ven; te da la habilidad de reconocer el espíritu o la intención que yacen detrás de una acción o comportamiento, es decir, la motivación del mismo. Ese don te permite distinguir entre lo celestial y lo terrenal, además también te permite diferenciar entre lo angélico, lo demoníaco o lo humano. Te ayuda a saber cuándo se mueve el Espíritu de Dios y cuándo estás viendo una manifestación de la carne. El discernimiento es un don especial que todos debemos desear. También está conectado con la sabiduría. Todos debemos tener cierto grado de discernimiento, pero algunos de nosotros tenemos un don especial de discernimiento, como los que cumplen la función de profeta o los que tienen un fuerte don profético.

Misericordia

Romanos 12 habla del don de la misericordia. Es un don especial de compasión. Podría ser compasión por las personas heridas, por las personas sin hogar, por las personas que están en problemas. Aun cuando continuaré diciendo que como creyentes todos deberíamos tener una medida de los dones que estoy tratando, hay un don especial dado a algunos que cuando operan en el área de sus dones únicos y específicos, lo sobrenatural, lo milagroso se hace evidente.

El don de la misericordia y la compasión es lo que impulsó a Jesús a realizar milagros entre la multitud de personas que lo seguían. La Biblia dice que él «tuvo compasión de ellos y sanó a sus enfermos» (Mateo 14:13-14). En Mateo 20:30-34, leemos la historia: «Dos ciegos que estaban sentados junto al camino, al oír que pasaba Jesús, gritaron: ¡Señor, Hijo de David, ten compasión de nosotros! La multitud los reprendía para que se callaran, pero ellos gritaban con más fuerza: ¡Señor, Hijo de David, ten compasión de nosotros! Jesús se detuvo y los llamó. ¿Qué quieren que haga por ustedes? Señor, queremos recibir la vista. Jesús se compadeció de ellos y les tocó los ojos. Al instante recobraron la vista y lo siguieron».

Jesús caminó en lo milagroso e hizo todo tipo de milagros especiales con los que mostraba la voluntad de su Padre con respecto a la humanidad. Desbloqueó los milagros del cielo en la vida de las personas porque tiene dones especiales de misericordia, compasión, milagros, fe, sanidad y muchos más. Jesús es nuestro ejemplo de lo que parece operar plenamente en el poder sobrenatural de Dios. A través de su ministerio terrenal, mostró cómo se ve cuando se vive el cielo en la tierra.

> Cuando Jesús desembarcó y vio tanta gente, tuvo compasión de ellos, porque eran como ovejas sin pastor. Así que comenzó a enseñarles muchas cosas.
>
> —Marcos 6:34

¿Sientes una fuerte compasión cuando ves el sufrimiento de los demás, cuando ves su dolor y su quebrantamiento? ¿Te hace eso actuar a favor de la gente sin pensar en lo que recibirás a cambio? ¿Estás enfocado en aliviar las cargas de esas personas? Puedes tener el don de una misericordia especial. Este es un don que realmente deja resultados sobrenaturales cuando se opera en su dominio.

Dar

El don especial de dar empodera a las personas con la capacidad de dar en formas inusuales y sobrenaturales. Todos deberíamos dar. Todos debemos sembrar. Pero hay donantes y personas que pueden sembrar grandes cantidades de dinero, donantes extremos cuyas donaciones en realidad impulsan los milagros. He estado en conferencias en las que una persona que tiene este don ha pagado todos los gastos del evento. He dirigido conferencias en las que recibimos donaciones que se dedicaron a todo el presupuesto de la actividad. Todos los gastos fueron pagados por unos pocos que ofrecieron donaciones especiales.

Necesitamos creer en Dios para que nos otorgue dones especiales como este. Los pastores no deberían estar luchando con los presupuestos ni por tratar de levantar ofrendas cuando estos dones están en presentes el cuerpo de Cristo.

Había mujeres en el ministerio de Jesús y en el ministerio de los apóstoles cuyo don principal era dar. «Algunas mujeres», dice Lucas 8:2-3, «y también algunas mujeres que habían sido sanadas de espíritus malignos y de enfermedades: María, a la que llamaban Magdalena, y de la que habían salido siete demonios; Juana, esposa de Cuza, el administrador de Herodes; Susana y muchas más que los ayudaban con sus propios recursos». La palabra *recursos* aquí significa «posesiones, bienes, riqueza, propiedad». Lidia (Hechos 16) y Febe (Romanos 16) en la iglesia primitiva eran mujeres de influencia y riqueza que eran patrocinadoras y benefactoras del ministerio de Pablo.

Los dones como este impulsan las oportunidades para los ministerios y evitan que estos se vean limitados por las finanzas. A medida que el reino se extiende, este don es cada vez más relevante. Nunca se sabe a quién se le ha dado una extrema impartición de dones, pero si nos disponemos a dar, veremos resultados sobrenaturales.

Exhortación y aliento

Exhortar y alentar a alguien a que —aun cuando esté desanimado, derrotado, vacilante y desesperado— se ponga en acción, mediante la fe y el desempeño diligente es un don especial. Una persona con ese don no solo mueve a individuos sino también a organizaciones. Son del tipo de personas que inician movimientos que provocan efectos en cadena al punto que, en última instancia, pueden transformar al mundo. Este don está conectado a un don profético, porque si recuerdas, la base del ministerio profético es esta: «Pero el que profetiza habla a los hombres para edificación, exhortación y consolación» (1 Corintios 14:3, RVR1960).

Algunos predicadores tienen este talento. Cuando predican, te animan. Cuando los que tienen este don enseñan, te animas porque sí. Tienen un don especial para animar a la gente.

Algunas personas en realidad se quejan de que el ministerio profético de algunos es demasiado tierno, que hablan demasiado bien en cuanto a ciertas cosas. Prefieren escuchar profecías cargadas de juicio y represión. Sin embargo, me gusta lo que dijo un líder en respuesta a ello. Solo dijo que falta aliento en la iglesia.

No obstante ¿cómo puede haber demasiado aliento? En todo caso, en algunos lugares hay muy poco aliento o estímulo. ¿Es posible estar demasiado animado? Por supuesto que hay un lugar para las profecías que corrigen y reprenden. Pero también necesitamos que nos animen, que nos alienten y nos motiven.

Este don se ha relacionado con el apóstol Bernabé, al que llamaban Bernabé (que significa: Consolador), como lo afirma Hechos 4:36. Puedes tener un don para exhortar a las personas, especialmente a las que están heridas, adoloridas, afligidas y desanimadas. La exhortación es un don especial. Todos debemos exhortar y animar a las personas, pero hay un don especial para ello que activa la liberación y el avance sobrenatural.

Servicio y ayuda

Servir a los demás, también conocido como don de ayuda, es otro don que se encuentra en Romanos 12. Las personas con este talento especial asisten, ayudan y sirven a hombres y mujeres de Dios, aliviando y elevando los brazos de los demás. Eliseo derramó agua sobre las manos de Elías. Aarón y Hur alzaron las manos de Moisés. A esto llamamos ministerio de apoyo. Otras expresiones de esta investidura en la iglesia son los acomodadores, los que saludan a los asistentes y la gente que administra. Este don tiene muchas y variadas esferas. Entre estas están las de los asistentes administrativos, los ejecutivos y la del personal en general; oficiales de operaciones y todos aquellos que encajen en la expresión de este talento.

Si tiene el don del servicio y de ayuda, traerás una gran bendición al liderazgo de tu iglesia, grupo u organización. Realmente los ayudas a cumplir el llamado y el mandato de sus vidas.

Profecía

Este talento te brinda una mayor habilidad para moverte en el campo profético. Todo creyente debe activarse en el área de la profecía. Todos debemos «ambicionar el don de profetizar» (dijo Pablo en 1 Corintios 14:39) y, cuando somos bautizados en el Espíritu Santo, todos podemos movernos en el ámbito de lo profético. Pero hay un don especial en cuanto a eso. Y puede operar cantando, por ejemplo en el caso de los salmistas. Puede operar en la predicación, la enseñanza, la profecía personal, la profecía corporativa y la intercesión. La profecía trae la mente y el corazón de Dios al reino de la tierra, por lo que genera resultados sobrenaturales. Grandes avances y milagros ocurren cuando operamos con estos dones y talentos especiales.

Consejo

Ser capaz de dar el consejo, la sabiduría y las recomendaciones adecuadas a las personas necesitadas es un don y un talento especial. Es lo que se conoce como espíritu de consejo. De vez en cuando, cualquiera de nosotros puede dar un buen consejo. Dios, Jesús y el Espíritu Santo pueden darnos consejos y podemos compartirlos con los demás a medida que hemos aprendido cosas a través de nuestras propias experiencias de vida. Pero hay personas que tienen una gracia, una habilidad, un talento y un don especial para aconsejar. Los necesitamos, porque en la multitud de consejeros, hay seguridad.

Algunas personas necesitan asesoramiento antes de que lleguen a cometer un error. A veces, algunos se arruinan la vida antes que buscar asesoramiento. Pero la consejería no es solo para después que te equivoques. Si buscas un consejo sabio antes de emprender una acción o de pasar a otra etapa de la vida, eso te ayudará a evitar errores. El que posee este don te aconsejará antes de que te equivoques, te dará una estrategia para tu vida y tu futuro. La consejería preventiva es como tener un entrenador que te acompaña a lo largo del trayecto, ayudándote a iluminar el camino que tienes por delante y ayudándote a saber cuál es la voluntad de Dios para tu vida.

El don del canto

Hay dones de canto. En algunos círculos llamamos salmistas a quienes tienen este don. David, Quenanías, Asaf, Hemán y Jedutún tenían este talento (1 Crónicas 15:22; 25:1-9). Esto no solo incluía cantos proféticos, sino también dones de trovador o musicales. Por ejemplo, David tenía el don del arpa. Era un músico virtuoso del arpa.

Puede que seas dotado sobrenaturalmente en el área de la música. La leyenda de la música *gospel*, Andraé Crouch, aprendió sobrenaturalmente a tocar el piano. En 1952, cuando Andraé era un niño, su padre oró para que Dios le enseñara a su hijo a tocar el piano. Era pastor de una pequeña iglesia que no tenía músicos. Un domingo, el padre de Andraé le dijo a su hijo que se sentara al piano. De repente, Andraé empezó a tocarlo. Nunca había tomado lecciones y, antes de ese momento, nunca había tocado un piano. Al respecto, Andraé dijo: «De alguna manera encontré la nota tónica y mis oídos se abrieron de golpe. Empecé a tocar, así, ¡con ambas manos! Entonces empezaron a llegar las pequeñas canciones ... ¡y nunca se detuvieron!».

En los años posteriores a esa impartición sobrenatural, Andraé Crouch se convirtió en uno de los principales talentos musicales del mundo. El don de tocar el piano le fue dado por Dios. Continuó escribiendo muchas canciones.

En la iglesia se necesitan dones de músicos virtuosos y salmistas puesto que necesitamos personas que no solo canten, sino que también abran los cielos cuando interpreten sus melodías. Los milagros ocurren cuando los adoradores levantan la voz o tocan sus instrumentos mediante el uso de este don.

Predicación

Me gusta tanto la predicación como la enseñanza, pero —en realidad— me encanta mucho la buena predicación. Hay algunos a quienes Dios les da la habilidad de predicar y enseñar en maneras que lo sobrenatural se hace patente. Pablo tenía un talento de predicación y enseñanza. Apolos es otro apóstol de la iglesia primitiva de quien la Biblia dice que era poderoso en las Escrituras (Hechos 18:24, RVR1960). Tenía un don excepcional de predicación. Jesús también fue ungido por Dios para predicar el evangelio (Lucas 4:18).

Revelación

También conocido como espíritu de revelación, hay un talento revelador. Pablo lo tenía y lo empleaba para comprender las cosas más profundas y misteriosas de Dios, como se mencionó anteriormente. Este tipo de talentos se le dan a la iglesia, por lo que necesitamos esos importantes talentos para poder avanzar en la revelación.

Algunas iglesias y ministerios simplemente tienen un mayor grado de revelación que se puede ver en cómo estudian y analizan la Palabra. Ese don también puede venir a través de la oración.

Poder y fuerza

Hay un espíritu de poder *(chayil),* el espíritu mediante el cual puedes operar en niveles de poder que generan milagros y prodigios curativos, así como poderosas predicaciones, enseñanzas y servicios. Veremos cómo se conecta esto con el carácter y la virtud en el próximo capítulo. Por ahora, recuerda que el poder y la virtud deben operar juntos para crear un equilibrio justo y piadoso.

Cuando alguien con el don especial del poder —o cuando aparecen los ministros de poder—, la gente siente que acaba de entrar en contacto con el poder de Dios.

Riqueza y finanzas

Deuteronomio 8:18 (RVR1960) dice: «Acuérdate de Jehová tu Dios, porque él te da el poder para hacer las riquezas, a fin de confirmar su pacto que juró a tus padres, como en este día». Hay dones para construir negocios y forjar riqueza. Hay talentos para la recaudación de fondos y la filantropía. Conozco predicadores y ministros que tienen un don especial para recaudar ofrendas. Tienen una gracia en este aspecto que no solo es para obtener dinero. Saben cómo animar a las personas a dar para que puedan recibir milagros. Saben cómo elevar el nivel de las donaciones con el fin de que se cumplan los objetivos y los presupuestos.

La Biblia dice que la fortuna, las riquezas y el gozo son dones de Dios (Eclesiastés 5:19-20), así que no sientas ninguna vergüenza al caminar plenamente bajo este don si este es el que Dios te ha otorgado. La iglesia tiene mucho camino por recorrer para comprender la bendición, la riqueza y la prosperidad financiera.

Oración

Algunas personas simplemente tienen el don de la oración. Su llamado es a orar. Epafras fue uno que trabajó fervientemente en oración por la iglesia de Colosas (Colosenses 4:12). Todos deberíamos orar. Sabemos esto: «También les refirió Jesús una parábola sobre la necesidad de orar siempre, y no desmayar», nos dijo el propio Jesús en Lucas 18:1 (RVR1960). La iglesia, por supuesto, debería orar, pero hay dones especiales de oración dados a profetas, intercesores, ministerios especiales de oración y aquellos a quienes se les dan llamados o asignaciones especiales de oración para ciertas temporadas. Esto es lo que identifica a alguien con un don especial de oración.

Evangelización

Si bien todos debemos evangelizar difundiendo las buenas nuevas de salvación entre los perdidos para ganárnoslos, hay personas con fuertes unciones evangelísticas o de avivamiento. Billy Graham, Reinhard Bonnke y aquellos que tengo entre los contactos de mis redes sociales como Sophia Ruffin y Ryan LeStrange son grandes ejemplos de los que tienen fuertes unciones de avivamiento. No importa sobre qué estén predicando, la gente es convicta y salva. Cuando predican, hasta el reincidente vuelve al Señor.

Pastorear

Los pastores, obispos, supervisores y superintendentes apostólicos, que tienen la capacidad de pastorear y velar por las personas para enseñarlas y capacitarlas, tienen dones de pastoreo o pastorales.

Pionero o abre caminos

El don pionero se manifiesta en aquellos que plantan iglesias o abren senderos en ciertas industrias y sectores de la sociedad. Podemos ver esto en la iglesia, como lo demuestran las madres y los padres apostólicos que crían hijos e hijas espirituales. Ellos cargarán y autorizarán a los que estén bajo su liderazgo. Este es un don especial que algunas personas simplemente portan. Cuando predican, enseñan o simplemente entran a una habitación, su autoridad en esta área es evidente.

La gente se asombraba por la autoridad que Cristo mostró cuando predicó y expulsó demonios y cuando le habló al viento y las olas y le obedecieron. «¿Qué clase de hombre es este?», se preguntaron unos a otros. (Ver Mateo 8:27). Jesús estaba manifestando este talento.

Este don apostólico pionero no es algo que puedas desarrollar o simplemente hacer. Es un nivel de autoridad que Dios concede y que a menudo se relaciona con el oficio de apóstol o profeta.

Comprensión

La capacidad de entender, comprender y desentrañar misterios y decodificar cosas ocultas, incluso los secretos de Dios, es un don característico de los que son especialmente dotados por Dios y para la gloria de él. Ellos ayudan a traer soluciones a la tierra y a descubrir los misterios del reino —sus verdades ocultas— para que el pueblo de Dios pueda prosperar y Dios sea glorificado.

Escritura

Este es un don que realmente me agrada. Los escribas, escritores y autores pueden operar en el marco de los dones de la escritura, con la cual escriben y cuyos libros impactan a las personas. Este, en particular, es un talento que Dios me ha regalado. Tengo una investidura apostólica. Tengo talento para la revelación. Estos dones no son cosas que pedí. Son obsequios que Dios me ha dado por su misericordia. Los he recibido a través del bautismo en el Espíritu Santo, por estar involucrado en los ambientes proféticos y mediante la impartición y la profecía con la imposición de manos, todo en ciertos momentos de mi ministerio. Amo el don de escribir porque transforma numerosas vidas.

Este don de escribir es muy importante porque hay algunas cosas que la escritura puede hacer que otras cosas no pueden realizar. Dios siempre ha designado y usado escritores para ayudar a las personas a leer, a conectarse y a comprenderlo a él, a entender sus caminos y, sobre todo, su voluntad para sus vidas. Toda la Biblia fue escrita por personas a quienes Dios capacitó con el don de escribir. Moisés tenía la facultad de escribir. Escribió las revelaciones del Pentateuco. Los profetas querían que los escritores y los escribas transcribieran sus escritos en libros y cartas. Pablo tenía un talento innato para escribir. Escribió las cartas a las iglesias que aparecen en el Nuevo Testamento. Esos escritos están en nuestras Biblias. Esos escritos cambiaron la historia, cambian vidas y traen revelación.

Si tienes un don de revelación, puedes escribir esas revelaciones. Puedes brindar información, comprensión y sabiduría a través de tu escritura, de forma que cuando las personas lean tus libros, puedan activarse. Como estás dotado de un don de exhortación, puedes exhortar y animar a las personas a través de tus escritos. Si tienes un don de sabiduría y escribes los dichos y mensajes sabios que Dios te ha dado, tu sabiduría se difunde y las personas obtienen la sabiduría que necesitan para tener una buena vida. Si tienes una investidura profética, puedes escribir proféticamente. Puedes escribir tus visiones y tus sueños.

Sueños y visiones

Por último, hay un don especial para las visiones y los sueños. Daniel tenía ese talento. José también lo tenía. Ambos también tenían un don especial para interpretar sueños.

¿Entiendes algo sobre el reino de los sueños? Si lo entiendes, estás especialmente capacitado en este aspecto. Es posible que no comprendas completamente cómo operar en esta área de los dones. Es muy especial. Si la desarrollas, si no la descuidas, si te inquieta y te conectas con los mentores y líderes adecuados que también fluyen en esta área, verás cómo trae resultados sobrenaturales, milagros y prodigios en la vida de las personas a las que ministras y sirves.

TU VOZ ES TU DON CELESTIAL

Hemos cubierto alrededor de veinticinco formas especiales en que Dios puede capacitar de manera única a su pueblo para traer el cielo a la tierra. Debes tener la mente de Dios, lo cual es indicio de que en verdad tienes una mentalidad celestial, si es que estos dones han de ser un beneficio para aquellos con quienes entras en contacto a lo largo de tu vida en la tierra. No lo aceptes como una crítica cuando la gente dice que los creyentes no tienen ningún bien terrenal porque tienen una mentalidad celestial. La Biblia afirma que tenemos la mente de Cristo. Dice que debemos imitar su vida y su ministerio. Jesús fue completamente dotado por el Espíritu de Dios en todos los sentidos para mostrarnos al Padre y enseñarnos acerca del reino.

A medida que Dios comienza a inquietarte en el área en la que te ha dotado, empieza con la certeza de que no puedes limitar a Dios. Dios puede darte un don inusual que no has visto operar en nadie más. Él puede dotarte a ti y a otra persona con el mismo talento, don que podría expresarse de formas muy diferentes puesto que hay diversidad de dones y talentos. Hay diversidad de lenguas y todo tipo de milagros. Hay diferentes gestiones, diversidad de funciones. No puedes poner a dos personas en la misma casilla. Dependiendo de la combinación de dones, los de uno pueden operar de una manera muy diferente a los de otro.

A medida que Dios abre tu vida a sus maravillas y extiende tu voz y tu influencia en la tierra, continúa estudiando los dones especiales y cómo operar en las asignaciones exclusivas, en las comisiones, los mandatos, los talentos, las habilidades y los dones que él te imparte a ti y a otros. Los milagros especiales, los prodigios y las cosas sobrenaturales que Dios es capaz de hacer son extraordinariamente abundantes y más grandes que todo lo que pedimos o pensamos. Hay muchos dones. Todos tenemos algunos de ellos y, en un ambiente apostólico, es donde se imparten, activan, estimulan, promueven y se usan. Es asombrosa la manera en que Dios nos entrega esos dones celestiales para enriquecer nuestras vidas y las de aquellos a quienes se nos asigna que impactemos.

Persigue los dones. Dios no quiere que te falten. Todos ellos son sobrenaturales y especiales. Resultan en prodigios y milagros sobrenaturales. A medida que revisamos toda esa variedad de dones, tal vez digas: «Tengo ese», pero lo has descuidado. Te desafío a que lo revivas. Puedes reactivarlo mediante la rectitud profética y la imposición de manos. Por eso es tan importante que permanezcas conectado en una iglesia buena y profética que tenga líderes a quienes les agrade ver prosperar a las personas.

Esta es la voluntad de Dios para ti. Él quiere que tengas una gran cantidad de dones y talentos. No quiere que lo descuides por miedo, religión o tradición. Dios no quiere que los brujos y la brujería anulen los dones y talentos que él tiene para tu vida. No quiere que mueras sin haber caminado nunca con estos dones especiales y sin haber visto estas cosas especiales suceder en tu vida. Así que persigue los dones. Busca el conocimiento y la formación. No tengas miedo de vivir arriba, de vivir en el reino celestial. Esa es tu casa. Estás sentado en lugares celestiales.

ORACIÓN PARA ALINEAR TU MENTE Y TUS DONES CON EL CIELO

Padre, te doy gracias por esta palabra. Te agradezco por revelarme incluso ahora todos los dones y talentos especiales que has puesto dentro de mí.

Señor, aun cuando estos dones están envueltos como un hermoso obsequio en Navidad, oro para que desates el lazo y comiences a desenvolver el paquete.

Que ya no sea un paquete envuelto para que no sepa cuál es el don. Oro para que, por tu Espíritu, abras el paquete para mí ahora para que pueda descubrir los dones, talentos, habilidades y cosas únicas que has puesto dentro de mí.

A medida que los descubra, déjame también caminar y moverme en ellas. Inspira mis pensamientos y alinea mi mente con la tuya para que pueda conocer tus planes para mí. Permíteme tener una mente celestial para que pueda ser de beneficio terrenal. Que todas estas cosas me sean reveladas ahora en este tiempo y en los días venideros. En el nombre de Jesús oro. Amén.

CAPÍTULO 6

VOZ Y VIRTUD

*Vosotros también, poniendo toda diligencia por esto mismo, añadid
a vuestra fe virtud; a la virtud, conocimiento; al conocimiento,
dominio propio; al dominio propio, paciencia; a la paciencia,
piedad; a la piedad, afecto fraternal; y al afecto fraternal, amor.*
—2 Pedro 1:5-7, RVR1960

HACE ALGÚN TIEMPO me dediqué a estudiar la palabra *chayil* o *Kjáil*. Es un vocablo hebreo que se traduce como *virtuoso* en Proverbios 31:10. Debido a que este término tiene tanto significado y se usa en todo el Antiguo y el Nuevo Testamento, escribí un libro al respecto titulado *Chayil: Libere el poder de la mujer virtuosa*. Hasta organizamos una conferencia con el mismo nombre. Como ya he escrito y hablado en muchas ocasiones, el Señor me trató muy enérgicamente en cuanto a la palabra *virtuoso*, que significa *poder, fuerza e incluso excelencia moral y buen carácter*.

Aunque me había enfocado en las traducciones de la Biblia que reflejaban los significados de la palabra relacionados con el poder, el Señor me dijo: «No puedes escudriñar los aspectos del poder de la unción de *chayil* sin considerar el concepto de virtud». Con esto se refería a la excelencia moral y al buen carácter. Entonces el Señor me dio una palabra en 2 Pedro. El pasaje realmente me conmovió, porque mostró que él me estaba desafiando en esa área:

Por medio de las cuales nos ha dado preciosas y grandísimas promesas, para que por ellas llegaseis a ser participantes de la naturaleza divina, habiendo huido de la corrupción que hay en el mundo a causa de la concupiscencia; vosotros también, poniendo toda diligencia por esto mismo, añadid a vuestra fe virtud; a la virtud, conocimiento; al conocimiento, dominio propio; al dominio propio, paciencia; a la paciencia, piedad; a la piedad, afecto fraternal; y al afecto fraternal, amor.

—2 Pedro 1:4-7, RVR1960

Cuando leí ese versículo, el Señor me dijo: «Fíjate en lo primero que hago: le digo a mi pueblo que añada a su fe virtud, no conocimiento». Luego dijo esto: «Muchos creyentes, cuando son salvos, tienen fe pero, en vez de virtud, lo primero que quieren agregar a sus vidas es conocimiento».

Siempre que entramos en algo nuevo, un nuevo trabajo, una nueva asignación, un nuevo escenario o hacemos un nuevo descubrimiento sobre nosotros mismos —como un don o un rasgo de personalidad, una nueva palabra profética, etc.—, comenzamos a leer libros, nos inscribimos para obtener capacitación o entrenamiento, buscamos mentores o asistimos a conferencias. Todas esas son cosas que nos dan conocimiento. Pero evadimos la virtud.

El *Diccionario de la lengua española* define *virtud* como «valentía, valor», que era «el significado predominante de virtud entre los romanos». También señala que «este sentido es casi o bastante obsoleto». Otra definición de virtud es «bondad moral; la práctica de los deberes morales y la abstención del vicio, o la conformidad a la vida y la conversación con la ley moral. En este sentido, la virtud puede ser —y en muchos casos debe distinguirse— un aspecto de la religión. La práctica de los deberes morales meramente por motivos de conveniencia, o por coacción, o por consideración a la reputación, es una virtud diferente de la religión. La práctica de los deberes morales a partir del amor sincero a Dios y a sus leyes, es una virtud característica de la religión».

En la misma línea, el escritor y ministro Art Katz dice que *virtud* quizás sea «una palabra arcaica, usada en los tiempos de los traductores de la Reina Valera como sinónimo de poder, pero hoy el vocablo virtud tiene que ver con cosas éticas y morales». Katz habla de cómo la definición, el entendimiento y la edad de la palabra han cambiado con el tiempo. Como Katz, creo que los diversos usos de este vocablo son «más que un simple accidente de tiempo y lenguaje». Existe «una conjunción entre virtud y poder tal que la cantidad de poder para sanar [y la cantidad de otros dones], en nosotros como en él, es relativa a la proporción de virtud [excelencia ética y moral] en la que caminamos».

Una vida virtuosa está en sintonía con las santas normas de Dios. Un predicador lo expresó una vez así: «La virtud es la influencia piadosa de una vida que está en una relación correcta con el Señor y está llena del poder del Espíritu Santo».

Los sinónimos de *virtud* que arrojan más luz sobre vivir de acuerdo con las normas morales y éticas son «carácter, decencia, bondad, honestidad, integridad, moralidad, probidad, rectitud, rectitud, rectitud, rectitud».

Luego, cuando vamos a la Palabra, vemos dónde se une la virtud con la rectitud, la moralidad y la justicia.

> Justo es el Señor [absolutamente] y ama la justicia; por eso
> los íntegros contemplarán su rostro.
>
> —Salmos 11:7

Jesús amaba la virtud. Fue ungido con óleo de alegría a causa de la virtud.

Has amado la justicia [virtud, moralidad, entereza] y aborrecido la maldad; por tanto, te ungió Dios, el Dios tuyo, con óleo de alegría más que a tus compañeros.

—Salmos 45:7, RVR1960

La virtud es integridad y rectitud en cuanto al propósito. La anarquía y la injusticia son opuestas a la virtud.

Has amado la justicia [integridad, virtud, rectitud de propósito] y aborrecido la maldad [injusticia, pecado]; por lo cual te ungió Dios, el Dios tuyo, con óleo de alegría más que a tus compañeros

—Hebreos 1:9, RVR1960

La sabiduría nos exhorta a aferrarnos a las virtudes de la lealtad y la bondad.

Que nunca te abandonen el amor y la verdad: llévalos siempre alrededor de tu cuello y escríbelos en el libro de tu corazón.

—Proverbios 3:3

Pablo enumera las virtudes que deberíamos tener como pueblo escogido de Dios. Estas virtudes incluyen compasión, bondad, humildad, gentileza, paciencia, perdón y amor.

Por lo tanto, como escogidos de Dios, santos y amados, revístanse de afecto entrañable y de bondad, humildad, amabilidad y paciencia, de modo que se toleren unos a otros y se perdonen si alguno tiene queja contra otro. Así como el Señor los perdonó, perdonen también ustedes. Por encima de todo, vístanse de amor, que es el vínculo perfecto.

—Colosenses 3:12-14

Tener virtud también tiene que ver con honestidad.

> Sean mi protección la integridad [irreprensibilidad; ino-
> cencia] y la rectitud [virtud], porque en ti he puesto mi
> esperanza.
>
> —SALMOS 25:21

> Pues los íntegros [los que tienen integridad, virtud] los per-
> fectos [sin culpa], habitarán la tierra y permanecerán en ella.
>
> —PROVERBIOS 2:21

La virtud te da la capacidad de disfrutar una buena vida.

> El que va por buen camino [que anda en virtud e integri-
> dad] teme al SEÑOR; el que va por mal camino lo desprecia.
>
> —PROVERBIOS 14:2

De modo que, cuando la gente intenta apresurarse más de lo normal y omite el desarrollo de los rasgos que generan un buen carácter y una excelencia moral, termina con personas que obtienen mucho conocimiento, pero no tienen carácter para sostener la promoción que Dios brinda a sus vidas. En los círculos proféticos y llenos del Espíritu pueden aprender todo sobre la guerra espiritual, el conflicto profético, la realidad apostólica y sobre la liberación; y, en la iglesia en general pueden aprender sobre dar, desarrollar la fe y cultivar la oración, pero en muchos casos evaden la virtud. Incluso hay demasiados ministros que tienen mucho conocimiento, pero carecen de virtud.

Esto es peligroso y, en particular, es infructuoso cuando tiene que ver con usar tu voz de una manera que mueva el cielo. La principal razón por la que esto no funciona es porque el conocimiento alardea. Y ese es el meollo del asunto. El conocimiento sin virtud puede llevar al orgullo y, como todos sabemos, Dios resiste a los orgullosos (Santiago 4:6). Sus voces pueden sonarles bien a aquellos que escuchan con sus oídos naturales, pero —en el espíritu— eso tendrá poco efecto. Será como un metal tintineante y un platillo que resuena. Pero son las oraciones de los justos (o virtuosos) las que más sirven. Es a los humildes a quienes Dios concede su gracia. Tratar de usar y amplificar tu voz antes de haber obtenido la virtud es una caída a punto de suceder.

En la actualidad, en algunos círculos, todo el mundo conoce lo apostólico y lo profético. Vas a las redes sociales y todo el mundo es apóstol o un profeta. Todo el mundo está haciendo Facebook Live como si tuvieran un programa de televisión. Es muy fácil tomar lo poco que sabes, incorporarlo a tu teléfono y publicarlo en las redes sociales. Y si alguien viene a tu transmisión desde el extranjero, ahora tienes un ministerio internacional.

Esa clase de personas adquieren un poco de conocimiento en un área determinada y creen que están listas para que Dios las envíe a las naciones, las promueva y dé a conocer su nombre y su rostro, pero no tienen ninguna virtud. Pueden operar con poder y tener todo el conocimiento en cuanto a cómo echar fuera demonios, sanar a los enfermos y profetizar, pero su carácter es desordenado.

La virtud tiene el poder de curar a la persona, es una fuerza vital que fluye de Cristo. La mujer que tocó a Jesús, en Lucas 8, fue sanada y se le dijo que se fuera en paz. El poder que Jesús tenía para sanar a los enfermos se llama virtud. Jesús sintió virtud al dejar su cuerpo. Esto indica que la virtud se puede medir. Multitudes fueron sanadas y sanadas mediante la virtud que fluyó de Cristo. Había suficiente virtud en él como para sanarlos a todos (Lucas 9:11).

La virtud puede producir milagros en la medida en que hace que tú seas santo. Se puede acceder a la virtud en Cristo, tanto en poder como en carácter, por la fe. La fe, por tanto, es un conducto a través del cual fluye la virtud. Así que puedes usar tu fe para recibir la virtud del Señor.

UNA VOZ SIN VIRTUD

A Dios le encanta la virtud, pero en la iglesia de hoy no la enfatizamos. Hacemos hincapié en el conocimiento, la lectura de libros, la asistencia a seminarios y el aprendizaje del significado de las palabras en hebreo y en griego, pero no damos prioridad a la virtud. Dios me ha mostrado que, si queremos caminar en su poder y ver que nuestras voces y nuestros dones realmente tengan un efecto en la tierra, debemos tener virtud.

Lo que Dios está haciendo ahora es exponer a algunos de esos ministros de renombre. Que predican en grandes conferencias, pero no viven lo que indica la Palabra de Dios. No tienen virtud ni carácter. Lo triste de esto es que a muchas personas, entre el pueblo de Dios, ni siquiera les importa. Asisten a iglesias en las que se cree que «Mientras puedas predicarme algo que me haga feliz y darme un buen consejo, lo demás no me preocupa. Lo que hagas tú es cosa tuya. No me interesa tu estilo de vida».

Hemos rebajado el estándar de lo que significa ser un hombre o una mujer de Dios. Si pudiéramos elevar los requisitos a la altura de las normas de Dios —una regla justa y virtuosa— y dejar de asistir a sus reuniones, de apoyarlos y de promover sus ministerios, entonces se verían forzados a tomar una decisión: «O cambio mi forma de vivir o el ministerio desaparece». Si sabes que esos ministros tienen mal carácter —no viven en pureza; son groseros, mezquinos, arrogantes, controladores y dominantes— y tú mantienes un estándar de virtud manifiesto en tu propia vida, entonces serán desafiados a cambiar.

En vez asumir la responsabilidad de nosotros mismos y ellos —nuestros líderes— asumir la suya, hay muchos que recurren al versículo que dice: «porque los dones y el llamamiento de Dios son irrevocables» (Romanos 11:29, LBLA), queriendo significar con ello que podemos tener un talento y, aunque no vivamos correctamente, seguir usándolo ya que no pierde su efectividad. Creemos que podemos seguir operando con el poder del don aunque tratemos mal a las personas. De alguna manera sentimos que, si nuestro don sigue en operación, es porque Dios aprueba el estilo de vida inmundos, orgulloso y mezquino. Pero eso no es así.

PUEDES VIVIR CORRECTAMENTE

Parece que muchos en el cuerpo de Cristo han abrazado la idea de que nadie tiene derecho a juzgar a nadie. Algunos dicen que todos pecan todos los días. Ese pensamiento se usa para excusar tanto a la iglesia como a sus líderes, pero es una gran mentira del enemigo. Puedes vivir correctamente. Puedes vivir de manera virtuosa. Puedes tener y manifestar el fruto del Espíritu. Puedes vivir con amor y humildad. Si estás pecando todos los días, entonces no eres salvo. Entiendo que cualquiera puede cometer un error, pero no debería ser habitual. A menudo escuchamos a algunos creyentes decir: «Somos pecadores. Todos pecamos. Por lo tanto, no podemos juzgar a nadie». Pero la Biblia indica determinantemente: «El que practica el pecado es del diablo, porque el diablo ha estado pecando desde el principio. El Hijo de Dios fue enviado precisamente para destruir las obras del diablo» (1 Juan 3:8).

Así que no compres la mentira de que nadie puede vivir con rectitud. El propósito de la salvación es darnos la victoria sobre el pecado y volver a conectarnos con Dios para que, a través del poder de su Espíritu, seamos santos como él lo es. Cualquiera puede tener un mal día. Pero no deberían ser los 365 días del año. Ni menos aun que el único buen día que tuviste —y en el que no pecaste— haya sido porque lo pasaste durmiendo.

No. Dios quiere liberarnos de esa mentalidad religiosa que predica que todos somos pecadores. A los que tienen esa mentalidad les encanta poner a todo el mundo en el mismo barco, por eso promueven que «todos somos pecadores», lema que convierten en el centro y eje de su estilo de vida. Con eso quieren poner a todas las personas al mismo nivel que ellos y conseguir cierta clase de inmunidad. Además, los que predican eso no hablan sobre lo peligroso que es para el cristiano maldecir, mentir, hablar mal de las personas y mucho menos tocan temas como la lujuria, el rencor, la envidia, entre otros. Y aunque a algunos pueda parecerles imposible abstenerse de cometer pecado, debes saber que con la ayuda de Dios es posible vivir con pureza y virtud.

Por eso el Señor me mostró que debemos agregar a nuestra fe virtud y luego, a nuestra virtud, conocimiento. La virtud viene antes de que te metas en a profundizar en cualquier cosa. No te apresures a obtener cualquier conocimiento sin antes considerar la virtud.

El conocimiento sin virtud expone tu vida a peligros insospechados, por lo que puedes verte atrapado en el pecado habitual y en conductas impías. Tu estilo de vida no será lo suficientemente virtuoso como para mantenerlo. Es posible que tengas una gran voz para cantar, escribir libros, predicar apasionadamente y ocupar una posición alta con todo tipo de títulos y privilegios pero —al mismo tiempo— ser orgulloso, arrogante y grosero. Puedes ir al seminario, obtener toda la revelación, saber todo el hebreo y el griego que desees, y hasta es probable que te ordenen ministro, pero —a la vez— maltratar y manipular a la gente. Puedes estar en cualquier posición ministerial o empresarial que se te haya presentado, «predicando» tu mensaje a tu manera, y no tener virtud, pureza, rectitud ni afinidad alguna con el carácter de Dios.

TU VIDA ES TU VOZ

Debemos entender que la mayoría de las personas que conocemos en el mercado o en nuestra vida cotidiana no sabrán lo que sabemos nosotros. Ellos no sabrán nada acerca de espíritus proféticos, hablar en lenguas, unción apostólica, liberación y maldiciones, no saben nada acerca de leviatán, Jezabel y pitón. Es posible que hayas estudiado todas esas cosas y sepas cómo expulsar demonios y las diversas partes del cuerpo donde se alojan: la espalda, los hombros, los músculos, las articulaciones, los huesos, la médula ósea, el estómago, los pulmones o la columna vertebral. Es probable que sepas cómo llamarlos por su nombre y hasta expulsarlos. La mayoría de la gente no conoce este tipo de cosas. Pero lo que sí saben y con lo que los ganarás es con tu bondad, paciencia y tu amor, tu humilde servicio, tu pureza y tu reverencia (1 Corintios 9:19; 1 Pedro 3:2). Jesús dijo que sabrán que somos sus discípulos por nuestro amor (Juan 13:35), no por cuánto sabemos ni por cuánta autoridad manifestemos.

¿Cómo podemos ministrar compasión, bondad, humildad, mansedumbre, paciencia, perdón y amor a las personas si no tenemos virtud? Servir a los demás sin virtud es difícil. Trabajar con personas no es fácil sin humildad, paciencia, perdón y amor. Hablaré más sobre esto en el próximo capítulo. No se puede tener éxito en una relación con personas de cualquier nivel durante demasiado tiempo si no hay virtud. Pero la virtud es lo que Dios me mostró que las personas a menudo olvidan que necesitan cuando quieren ser una voz, liderar un ministerio o tener influencia en el ambiente en que se muevan.

Estudiamos y obtenemos conocimiento; nos internamos en las profundidades de la Palabra de Dios; dedicamos tiempo a leer y a aprender los entresijos de la vida cristiana. En algunos casos, dependiendo de nuestro llamado, hasta podemos llegar a tener más conocimientos que otros del liderazgo.

Sin embargo, también debemos tener suficiente virtud, humildad y amor para recibir lo que Dios está preparando con el objeto de enviarnos a predicar; además, aunque sepas más que la mayoría de las personas, nunca te enaltezcas ni desprecies a las personas que tal vez no sepan lo que tú sabes. Escúchame cuando digo que puedes enorgullecerte cuando entras en ciertos niveles de lo apostólico y lo profético, de la liberación, el cántico del Señor, la adoración y del reino de la gloria, cosas de Dios que la mayoría de las personas en este planeta ignoran. Aprenderás escrituras que la mayoría de la gente no conoce. Si no tienes virtud, te envanecerás y la ignorancia de los demás te enfadará. Si no tienes virtud, comenzarás a ser malo y a despreciar a las personas, y esa amargura y ese orgullo destruirán la plataforma y la voz con la que Dios te honra.

Proverbios 16:18 (RVR1960) dice: «Antes del quebrantamiento es la soberbia, y antes de la caída la altivez de espíritu». Estamos viendo caer muchas voces relevantes en el cuerpo de Cristo porque no tienen virtud alguna. Como voz que representas al cielo, necesitas que las virtudes de Dios sean el fundamento sobre el que te basas.

¿CUÁLES SON LAS VIRTUDES QUE NECESITA TU VOZ?

Así que, ¿cuáles son esas virtudes? Algunos de ellas se enumeran como fruto del Espíritu (Gálatas 5:22-23), porque si andamos en el Espíritu, llevaremos el fruto del Espíritu. También podemos encontrar muchas de ellas en Proverbios y otros libros de la Biblia. Son temas de discusión predominantes en escritos atemporales sobre filosofía, ética, religión y moralidad.

En las próximas páginas te presentaré muchas de las virtudes que debemos esforzarnos por poseer y cultivar en nuestras vidas, incluso antes de que lleguemos a saber a qué somos llamados a hablar. Te daré citas bíblicas, definiciones, referencias y otros escritos sobre esas virtudes. Esto te ayudará a configurar una imagen acerca de cómo se unen esas virtudes para representar la vida de Cristo y permitir que su poder fluya hacia nosotros y a través de nosotros.

Humildad

Así mismo, jóvenes, sométanse a los ancianos. Revístanse todos de humildad en su trato mutuo, porque «Dios se opone a los orgullosos, pero da gracia a los humildes».

—1 Pedro 5:5

El *Diccionario de la lengua española* define humildad así: «Virtud que consiste en el conocimiento de las propias limitaciones y debilidades y en obrar de acuerdo con este conocimiento». Otro diccionario la define así: «Ética, libertad del orgullo y la arrogancia; mentalidad; estimación modesta de la propia valía». En teología, «la *humildad* consiste en la simplicidad mental; un profundo sentido de la indignidad propia a los ojos de Dios, autohumillación, arrepentimiento por el pecado y sumisión a la voluntad divina».

San Agustín de Hipona es ampliamente citado al decir que «la humildad es el fundamento de todas las demás virtudes: por lo tanto, en el alma en la que esta virtud no existe no puede haber ninguna otra virtud excepto en la mera apariencia». En su libro *The Heart of Virtue*, el escritor Donald DeMarco nos dice que «San Agustín sostiene que la humildad es el primer, segundo y tercer factor más importante en la religión. Es, a su juicio, el fundamento de todas las demás virtudes. En consecuencia, no puede haber virtud en el alma en la que falte la humildad, solo la apariencia de la virtud».

La humildad es el requisito previo para recibir la gracia de Dios. La Biblia dice que «Dios resiste a los soberbios, pero da gracia a los humildes» (Santiago 4:6, RVR1960). No podemos caminar en virtud sin la gracia de Dios. La humildad es la piedra angular para llevar una vida virtuosa.

Mansedumbre

Con toda humildad y mansedumbre, soportándoos con paciencia los unos a los otros en amor.

—EFESIOS 4:2, RVR1960

Sutileza de temperamento; suavidad; dulzura; tolerancia ante lesiones y provocaciones (Gálatas 5:23). En sentido evangélico, humillación; resignación; sumisión a la voluntad divina, sin murmuraciones ni mal humor; opuesto al orgullo, la arrogancia y la testarudez. Como les dijo Pablo a los corintios: «os ruego por la mansedumbre y ternura de Cristo» (1 Corintios 10:1). La mansedumbre es una gracia que solo Jesucristo inculcó y que ningún filósofo antiguo parece haber comprendido ni recomendado.

Honra

Pagad a todos lo que debéis: al que tributo, tributo; al que impuesto, impuesto; al que respeto, respeto; al que honra, honra.

—Romanos 13:7, RVR1960

Honra significa respetar a quienes están por encima de ti y actuar de una manera que merezca el respeto de los que están debajo de ti. La honra es la reputación y la alianza que se obtiene de aquellos a quienes sirves y de aquellos que te sirven.

Generosidad

El alma generosa será prosperada; y el que saciare, él también será saciado.

—Proverbios 11:25, RVR1960

La generosidad es el atributo del que es generoso; es liberalidad, en principio; disposición a dar generosamente o a conceder favores; una cualidad del corazón o de la mente opuesta a la mezquindad o la parsimonia.

Valentía

Solamente esfuérzate y sé muy valiente, para cuidar de hacer conforme a toda la ley que mi siervo Moisés te mandó; no te apartes de ella ni a diestra ni a siniestra, para que seas prosperado en todas las cosas que emprendas.

—Josué 1:7, RVR1960

Valentía es sinónimo de intrepidez; esa cualidad mental que permite a los hombres enfrentarse al peligro y a las dificultades con firmeza o sin miedo, depresión ni falta de ánimo; la valentía también es valor, audacia, determinación. Es parte constitutiva de la fortaleza; pero esta última implica paciencia para soportar el sufrimiento continuo.

Concuerdo con lo que dijo una vez la poeta Maya Angelou: «La valentía es la más importante de todas las virtudes. Porque sin valor no se puede practicar ninguna otra virtud de manera constante».

Frugalidad

En casa del sabio abundan las riquezas y el perfume, pero el necio todo lo despilfarra.

—Proverbios 21:20

La frugalidad se define como una economía prudente; una gestión sensata que ejerce el ama de casa; un uso moderado o apropiado del dinero o los bienes; un uso juicioso de cualquier cosa que se gaste o emplee; ese manejo cuidadoso del dinero o los bienes que no gasta nada innecesariamente y aplica lo que se usa a un propósito importante; nada se desperdicia cuando se es frugal. Ahora bien, no tiene que ver con la lentitud administrativa, la cual puede llevar a la escasez. La frugalidad siempre es una virtud. Tampoco es sinónimo de ahorro, en el estricto sentido de la palabra; aunque el ahorro es consecuencia de la frugalidad. Sin ella nadie puede hacerse rico y con ella pocos serían pobres. Constituye un uso prudente y moderado de cualquier cosa; como la alabanza equilibrada.

Templanza

No hace bien comer mucha miel, ni es honroso buscar la propia gloria.

—Proverbios 25:27

La templanza es moderación; en particular, la habitual en lo que respecta a la complacencia de los apetitos y las pasiones naturales; indulgencia moderada o serena; como templanza al comer y beber; templanza en la indulgencia del gozo o la alegría. La templanza en la alimentación y la bebida se opone a la glotonería y la embriaguez y, en caso de otras indulgencias, al exceso.

Bondad

Abre su boca con sabiduría, y hay enseñanza de bondad en
su lengua.

—Proverbios 31:26, RVR1960

Buena voluntad y *benevolencia* son expresiones que describen la bondad. Pero el diccionario va más allá al decir que es ese temperamento o disposición que se deleita en contribuir a la felicidad de los demás, que se ejerce alegremente al gratificar los deseos de ellos, suplir sus anhelos o aliviar sus angustias; es de naturaleza bondadosa. La bondad siempre acompaña al amor.

Paciencia

Guarda silencio ante Jehová, y espera en él. No te alteres
con motivo del que prospera en su camino, por el hombre
que hace maldades.

—Salmos 37:7, RVR1960

La paciencia se caracteriza por «sufrir las aflicciones, los dolores, las fatigas, las calamidades, las provocaciones u otros males, con un temperamento tranquilo y sereno; es aguantar sin murmurar ni irritarse. La paciencia puede surgir de la fortaleza constitucional, de una especie de orgullo heroico o de la sumisión cristiana a la voluntad divina. Se puede decir que la paciencia es un temperamento tranquilo que soporta los males sin murmuración ni descontento».

Fortaleza

Así que nos sentimos orgullosos de ustedes ante las iglesias de Dios por la perseverancia y la fe que muestran al soportar toda clase de persecuciones y sufrimientos.

—2 Tesalonicenses 1:4

La fortaleza es resistencia valiente, es esa fuerza o firmeza de mente o alma que le permite a la persona enfrentarse al peligro con frialdad y arrojo, o soportar el dolor o la adversidad sin murmuraciones, depresión ni desaliento. Como lo define el *Diccionario de la lengua española:* «es fuerza y vigor. En el cristianismo, una de las cuatro virtudes cardinales, que consiste en vencer el temor y huir de la temeridad». Es, como afirma Aly McCarthy, «la base o fuente del coraje o la intrepidez genuinos en el peligro, de la paciencia en el sufrimiento, de la tolerancia ante las heridas y de la magnanimidad en todas las condiciones de la vida. A veces confundimos el efecto con la causa y usamos la fortaleza como sinónimo de audacia o paciencia; pero audacia es atrevimiento y la paciencia es el efecto de la fortaleza. La fortaleza es la guardia y el sostén de las demás virtudes».

Firmeza y constancia

Así que, hermanos míos amados, estad firmes y constantes, creciendo en la obra del Señor siempre, sabiendo que vuestro trabajo en el Señor no es en vano.

—1 Corintios 15:58, RVR1960

Firmeza significa «solidez en la posición que sostiene; estar fijo y estable en su lugar. Firmeza de mente o propósito; firmeza de principios; constancia; resolución; como la firmeza de la fe».

Tolerancia

Reciban al que es débil en la fe, pero no para entrar en discusiones. A algunos su fe les permite comer de todo, pero hay quienes son débiles en la fe, y solo comen verduras. El que come de todo no debe menospreciar al que no come ciertas cosas, y el que no come de todo no debe condenar al que lo hace, pues Dios lo ha aceptado. ¿Quién eres tú para juzgar al siervo de otro? Que se mantenga en pie, o que caiga, es asunto de su propio señor. Y se mantendrá en pie, porque el Señor tiene poder para sostenerlo.

—Romanos 14:1-4

Tolerancia es «permitir que otras personas tengan sus opiniones respecto de cosas no esenciales y aceptar las preferencias e ideas que son diferentes a las nuestras sin transigir en cuanto a nuestras propias creencias».

Prudencia

Yo, la sabiduría, convivo con la prudencia y poseo conocimiento y discreción.

—Proverbios 8:12

La prudencia es la virtud que nos permite determinar qué está bien y qué está mal con el fin de actuar en consecuencia. La prudencia también podría llamarse sabiduría.

Modestia

En cuanto a las mujeres, quiero que ellas se vistan decorosamente, con modestia y recato, sin peinados ostentosos, ni oro, ni perlas ni vestidos costosos.

—1 Timoteo 2:9

La modestia se refiere a la «pureza de corazón en acción, sobre todo en lo que respecta a la vestimenta y el habla».

Compasión

Finalmente, sed todos de un mismo sentir, compasivos, amándoos fraternalmente, misericordiosos, amigables.

—1 Pedro 3:8, RVR1960

La compasión tiene que ver con «sufrir con otro» y mostrar «empatía en el dolor». Es «una sensación de dolor estimulada por la angustia o la desgracia de otra persona; pena; conmiseración. La compasión es una pasión mixta, compuesta de amor y dolor; al menos una parte del amor suele acompañar al dolor o al arrepentimiento, o se excita con él. La angustia extrema de un enemigo incluso transforma la enemistad en al menos un afecto temporal».

Cortesía

Finalmente, sed todos de un mismo sentir, compasivos, amándoos fraternalmente, misericordiosos, amigables.

—1 Pedro 3:8, RVR1960

La cortesía se refiere a «tratar a otras personas con respeto, reconociendo que todos están hechos a imagen y semejanza de Dios».

Perdón

Más bien, sean bondadosos y compasivos unos con otros, y perdónense mutuamente, así como Dios los perdonó a ustedes en Cristo.

—Efesios 4:32

El perdón es el acto de perdonar; perdonar a un ofensor, al punto de tratarlo y considerarlo como no culpable. Perdonar a los enemigos es un deber cristiano. El perdón es pasar por alto un delito o violación; como el perdón de los pecados realizado por Cristo.

Diligencia

El de manos diligentes gobernará; pero el perezoso será subyugado.

—PROVERBIOS 12:24

La diligencia se caracteriza por alcanzar el «equilibrio constante en los negocios de cualquier clase». Es el «esfuerzo invariable por lograr lo que se emprende; el esfuerzo del cuerpo o de la mente sin demoras ni perezas innecesarias; es la atención debida; es la ingeniosidad; la perseverancia».

Gentileza

Y un siervo del Señor no debe andar peleando; más bien, debe ser amable con todos, capaz de enseñar y no propenso a irritarse.

—2 Timoteo 2:24

Arroja tu vara, echa fuera tu ira: Dios mío, toma la senda de la gentileza.

—GEORGE Herbert

La gentileza se define como «suavidad de modales; apacibilidad de temperamento; predisposición a la ternura; mansedumbre».

Equidad

Entonces comprenderás la justicia y el derecho, la equidad y todo buen camino.

—PROVERBIOS 2:9

El *Léxico de la lengua castellana* dice que «en la práctica, la equidad es la impartición imparcial de la justicia; o hacer lo que las leyes de Dios, del hombre y de la razón, le dan derecho a reclamar. Es tratar a una persona de acuerdo con la justicia y la razón».

Verdad

> Que nunca te abandonen el amor y la verdad: llévalos siempre alrededor de tu cuello y escríbelos en el libro de tu corazón.
>
> —PROVERBIOS 3:3

La verdad es «veracidad; pureza; práctica de decir la verdad; disposición habitual a decir la verdad; juicio o proposición que no se puede negar racionalmente».

Misericordia

> Bienaventurados los misericordiosos, porque ellos alcanzarán misericordia.
>
> —MATEO 5:7, RVR1960

La misericordia es «esa benevolencia, apacibilidad o ternura de corazón que hace que la persona pase por alto las lesiones que un ofensor le propinó y, además, lo trate mejor de lo que se merece». Es «la disposición que modera la justicia e induce a una persona herida a perdonar las transgresiones y las ofensas, y a abstenerse de aplicar castigo o aplicar un correctivo menor de lo que la ley o la justicia determinen».

El léxico continúa diciendo: «Quizás no haya una palabra en nuestro idioma que sea sinónimo de misericordia. Lo que más se acerca a este vocablo es la gracia. Que implica benevolencia, ternura, apacibilidad, piedad o compasión y clemencia, pero ejercida solo con los infractores. La misericordia es un atributo característico del Ser Supremo».

Pacificador

> En cambio, la sabiduría que desciende del cielo es ante todo pura, y además pacífica, bondadosa, dócil, llena de compasión y de buenos frutos, imparcial y sincera.
>
> —SANTIAGO 3:17

La paz es «una condición o estado de sosiego». Es una «disposición a la paz». Según el *Diccionario de la lengua española* es la «relación de armonía entre las personas, sin enfrentamientos ni conflictos. Estado de quien no es perturbado por ningún conflicto o inquietud. En el cristianismo, sentimiento de armonía interior que reciben los fieles por parte de Dios».

Piedad

> Pues, aunque el ejercicio físico trae algún provecho, la piedad es útil para todo, ya que incluye una promesa no solo para la vida presente, sino también para la venidera.
>
> —1 Timoteo 4:8

La piedad se define como «caridad; fe en Dios y reverencia por su carácter y sus leyes. Una vida religiosa; una cuidadosa observancia de las leyes de Dios y el cumplimiento de los deberes religiosos, que proceden del amor y la reverencia por el carácter y los mandamientos divinos; obediencia cristiana».

Limpieza

> El temor de Jehová es limpio, que permanece para siempre;
> los juicios de Jehová son verdad, todos justos.
>
> —Salmos 19:9, RVR1960

El *Léxico de la lengua castellana* nos da dos definiciones de limpieza: «ausencia de suciedad, inmundicia o cualquier materia repugnante o extraña» y «pulcritud de persona o vestimenta; pureza».

Orden

> Hágase todo decentemente y con orden.
>
> —1 Corintios 14:40, RVR1960

El orden es cierta disposición y proporción de los cuerpos principales que componen un ente; exactitud; condición de metódico. Estado de ser ordenado.

Lealtad

En todo tiempo ama el amigo; para ayudar en la adversidad nació el hermano.

—PROVERBIOS 17:17

Según [el filósofo estadounidense Josiah] Royce, la lealtad es una virtud; es más, una virtud primaria, «el meollo de todas las virtudes, el deber central entre todos los deberes...» La breve definición que da es que la lealtad es «La devoción voluntaria, práctica y completa de una persona a una causa o a otra persona».

Hay quienes definen la lealtad como «la cualidad de mantenerse firme en su amistad o en el apoyo a alguien o a algo».

Fidelidad

El hombre fiel recibirá muchas bendiciones; el que tiene prisa por enriquecerse no quedará impune.

—PROVERBIOS 28:20

La fidelidad es sinónimo de «lealtad», «nobleza», «verdad» y «veracidad». Es la «firme adhesión a la lealtad y al deber; como la fidelidad de un súbdito» o «la fidelidad de Dios». También se caracteriza por «el estricto cumplimiento de los mandatos judiciales y de los deberes impuestos por una autoridad; como la fidelidad de los siervos o los ministros. Cumplimiento estricto de promesas, votos o convenios; constancia en el afecto; como la fidelidad de un cónyuge».

Los escritores de AgapeLife.org dicen que «la fidelidad es un rasgo fundamental cuya importancia vemos una y otra vez en las Escrituras. Hay una gran conexión con la fe en Dios y la fidelidad (Lucas 6:46). Dios busca a los fieles y leales de corazón».

Caridad

Por encima de todo, vístanse de amor, que es el vínculo perfecto.

—Colosenses 3:14

Luego, en la Biblia de las Américas, el mismo pasaje dice: «Y sobre todas estas cosas, vestíos de amor [desinteresado], que es el vínculo [perfecto] de la unidad [porque todo está unido cuando cada uno busca lo mejor para otros]».

La caridad casi siempre se relaciona con el «amor, la benevolencia, la buena voluntad; es esa disposición de corazón que inclina a los hombres a pensar favorablemente en su prójimo y a hacerle el bien. En un sentido teológico, incluye el amor supremo a Dios y la buena voluntad universal para con los hombres (1 Corintios 8:1. Colosenses 3:14. 1 Timoteo 1:5)». Más específicamente, se relaciona con «el amor, la bondad, el cariño, la ternura que brotan de las relaciones naturales; como las obras de caridad de padre, hijo y hermano».

Otras formas en que se ve la caridad es en la «liberalidad para con los pobres, lo que se traduce en brindarles dádivas o beneficios, o mediante la prestación de servicios gratuitos para aliviar a los que están en apuros. Dádiva es todo lo que se concede gratuitamente a los pobres para su alivio». También tendemos a pensar en términos de «liberalidad en cuanto a los dones y servicios para promover objetos públicos de utilidad, como para fundar y apoyar sociedades bíblicas, sociedades misioneras y otras».

Reverencia

Así que nosotros, que estamos recibiendo un reino inconmovible, seamos agradecidos. Inspirados por esta gratitud, adoremos a Dios como a él le agrada, con temor reverente.

—Hebreos 12:28

La reverencia es «temor mezclado con respeto y estima; veneración».

«Cuando las disputas y las facciones se llevan a cabo indiscriminadamente», explica el *Léxico de la lengua española*, «es una señal de que se ha perdido la reverencia al gobierno. El temor agradable a Dios, es un temor filial, una terrible reverencia a la naturaleza divina, procedente de una justa estimación de sus perfecciones, que produce en nosotros una inclinación a su servicio y una falta de voluntad para ofenderlo».

Honestidad

Andemos como de día, honestamente; no en glotonerías y borracheras, no en lujurias y lascivias, no en contiendas y envidia.

—Romanos 13:13

«En principio», la honestidad es «una disposición recta; es rectitud moral del corazón; una disposición a conformarse a la justicia y a los principios morales correctos, en todas las transacciones sociales. De hecho, es una conducta rígida; una conformidad real a la justicia y a la rectitud moral. Justicia; candor; verdad; como la honestidad con que se hace una narración. Franca sinceridad. La honestidad se aplica principalmente a las transacciones sociales o las transacciones mutuas en el intercambio de propiedades».

Castidad

Porque os celo con celo de Dios; pues os he desposado con un solo esposo, para presentaros como una virgen pura a Cristo.

—2 Corintios 11:2, RVR1960

La castidad es la más impopular de las virtudes cristianas.

—C. S. Lewis

Castidad es «pureza del cuerpo; abstención de todo acto ilegal de sexo». La castidad antes del matrimonio es «abstinencia pura de todo acto sexual», y después del matrimonio, debe continuar como «fidelidad [o lealtad] al lecho matrimonial». Cuando la virtud de la castidad te caracteriza moras en un ambiente «libre de obscenidades tanto en lo que respecta al lenguaje o la conversación como a lo que se refiere a tu actitud corporal; es ausencia de inmoralidad; pureza en palabras y frases». También se define como «pureza, todo estado no adulterado; como la castidad del evangelio».

Esperanza

Contra toda esperanza, Abraham creyó y esperó, y de este modo llegó a ser padre de muchas naciones, tal como se le había dicho: ¡Así de numerosa será tu descendencia!

—ROMANOS 4:18

La esperanza es «desear algún bien, acompañado por al menos una ligera expectativa de obtenerlo, o la creencia de que se puede conseguir. La esperanza se diferencia del deseo y la ambición en que implica cierta expectativa de obtener el bien deseado o la posibilidad de poseerlo. La esperanza, por tanto, siempre da placer o alegría; mientras que el deseo y el anhelo pueden producir o ir acompañados de dolor y ansiedad».

La esperanza también se define como una sensación de «confianza en un evento futuro; el más alto grado de expectativa bien fundada del bien; como una esperanza fundada en las hermosas promesas de Dios; en un sentido escritural».

También se puede ver en «lo que da esperanza; él o aquello que proporciona un motivo de expectativa o promete el bien deseado. La esperanza de Israel es el Mesías».

Fe

> Porque en el evangelio la justicia de Dios se revela por fe y para fe, como está escrito: Mas el justo por la fe vivirá.
>
> —ROMANOS 1:17, RVR1960

La fe es «creencia» o «el asentimiento de la mente a la verdad de lo que otra persona declara, descansando en su autoridad y veracidad, sin otra evidencia; el juicio de que lo que otro afirma o testifica es la verdad». Por ejemplo, «Tengo una fe fuerte o no tengo fe en el testimonio de un testigo o en lo que narra un historiador».

Integridad

> A los justos los guía su integridad; a los falsos los destruye su hipocresía.
>
> —PROVERBIOS 11:3

Se ha dicho que «nada desconcierta más a alguien que está lleno de trucos y duplicidad que la integridad franca y simple que se manifiesta en otra persona». La integridad tiene que ver con «el estado completo e intacto de cualquier cosa, particularmente de la mente; solidez o pureza moral; incorrupción; nobleza; honestidad. La integridad comprende todo el carácter moral, pero tiene una referencia especial a la rectitud en los tratos mutuos, transferencias de propiedad y mediación ante otros».

Como escribió Kerby Anderson, presentador de programas de radio y presidente de Probe Ministries International:

> La palabra *integridad* proviene de la misma raíz latina que *entero* e implica la completitud de la persona. Así como hablaríamos de un número entero, también podemos hablar de una persona completa, que no está dividida. Una persona íntegra vive correctamente, no está dividida ni es una

persona diferente en diversas circunstancias. Una persona íntegra es la misma en privado que en público.

Gratitud

> Que gobierne en sus corazones la paz de Cristo, a la cual fueron llamados en un solo cuerpo. Y sean agradecidos.
>
> —Colosenses 3:15

La gratitud se define como «una emoción del corazón, estimulada por un favor o beneficio recibido; un sentimiento de bondad o buena voluntad hacia un benefactor; gratitud. La gratitud es una emoción agradable, consistente o acompañada de buena voluntad hacia un benefactor, y una disposición a hacer una adecuada retribución de beneficios o servicios, o cuando no se puede obtener ningún retorno, con el deseo de ver al benefactor próspero y feliz. La gratitud es una virtud de la más alta excelencia, ya que implica un sentimiento y un corazón generoso, y un debido sentido del deber».

Sinceridad

> La gracia sea con todos los que aman a nuestro Señor Jesucristo con amor inalterable. Amén.
>
> —Efesios 6:24

La sinceridad es «honestidad intelectual o deliberada; estar libre de simulación o hipocresía. Podemos cuestionar la prudencia de un hombre, cuando no podemos cuestionar su sinceridad. Libertad de hipocresía, disfraz o falsedad; como la sinceridad de una declaración amorosa».

Gozo

> Luego Nehemías añadió: «Ya pueden irse. Coman bien, tomen bebidas dulces y compartan su comida con quienes no tengan nada, porque este día ha sido consagrado a

nuestro Señor. No estén tristes, pues el gozo del SEÑOR es nuestra fortaleza».

—NEHEMÍAS 8:10

El gozo es otro fruto del Espíritu. Creo que el gozo es una de las virtudes más importantes porque genera fuerza. Debemos servir a Dios con gozo. El gozo es una tercera parte del reino (Romanos 14:17). El gozo viene de adentro y no depende de las circunstancias que nos rodean.

Benignidad

Mas el fruto del Espíritu es amor, gozo, paz, paciencia, benignidad, bondad, fe.

—GÁLATAS 5:22, RVR1960

La virtud es el poder de hacer el bien.

—MIKE Hickey

La benignidad o bondad es «la condición de ser bueno; las cualidades físicas que constituyen valor, excelencia o perfección; como la bondad de la madera; la bondad de un suelo». Incluye «las cualidades morales que constituyen la excelencia cristiana; virtud moral; religión. El fruto del Espíritu es amor, gozo, paz, paciencia, benignidad, bondad, fe. Amabilidad; simpatía; benevolencia de corazón; pero además, es sinónimo de actos bondadosos; caridad; es ejercicio de humanidad. Recordaré su bondad conmigo con gratitud».

Hospitalidad

Así que el obispo debe ser intachable, esposo de una sola mujer, moderado, sensato, respetable, hospitalario, capaz de enseñar.

—1 Timoteo 3:2

La hospitalidad es «el acto o la práctica de recibir y entretener a extraños o invitados sin recompensa, o con generosa y amable liberalidad».

Merriam-Webster define la hospitalidad en los siguientes términos:

- dado a la generosa y cordial recepción de los huéspedes
- ofreciendo un ambiente agradable y sustentable
- fácilmente receptivo: abierto
- listo o dispuesto a aceptar o considerar algo.

Ten en cuenta que ser hospitalario no solo tiene que ver con la forma en que recibes a las personas en tu hogar. También se relaciona con la manera en que acoges y tratas a los demás. ¿Cuál es tu disposición personal? ¿Eres una persona acogedora y hospitalaria? ¿Estás dispuesto a considerar nuevas ideas y recibir nuevas personas?

Podemos inclinarnos a pensar en la hospitalidad en términos de cuán limpia está nuestra casa cuando llegan los invitados o cuán bien los alimentamos. Sin embargo, el significado íntegro de esta virtud nos desafía a cada uno de nosotros a evaluar cómo somos en nuestra calidad de personas.

LA VIRTUD ES NECESARIA PARA TODOS

Al leer la lista de virtudes, es posible que te hayas percatado de que eres más fuerte en unas áreas que en otras. Pero quiero que trabajes en esos aspectos en los que no eres fuerte. Si se trata de humildad, mansedumbre, capacidad para enseñar, corrección, ser responsable, ser paciente o amable, comprométete a aumentar esas virtudes. Aun cuando menciono la bondad, nuevamente recuerdo cuánto se necesita esta virtud en la iglesia. Necesitamos saber cómo hablar con la gente, cómo ser amable con los individuos. Algunas personas dicen: «Me caracteriza lo profético. Simplemente digo las cosas como son». Esas personas no solo son malas, son amargadas.

Sin embargo, puedes reprender y corregir a alguien y aun así hacerlo de modo amable. Puedes caminar con bondad y humildad.

Lo que sea que te falte, puedes fortalecer ese aspecto que amerita labor. Dios puede resaltar la diferencia y traer el equilibrio adecuado a tu vida. Comprende que estas virtudes no las dicta el tipo de personalidad. Se trata de que portes el sonido correcto para activar los cielos y traer a otros al reino. Se trata de que muestres la obra de las manos y la gloria de Dios. Se trata de que tengas el corazón y la mente adecuados a medida que ganas territorio y superas la oscuridad. Ahora comprende que lo que puede parecer imposible acerca de desarrollar un buen carácter y excelencia moral de esa manera, es posible con Dios.

Sí, es posible que tengas que acercarte a Dios y pedirle que derrame su virtud en ti. A menudo podemos llegar a un lugar donde solo queremos que Dios nos toque, nos cambie, nos sane o nos restaure. Pero Jesús dijo: «No tienes que esperar a que te toque. Puedes tocarme». La mujer de la Biblia con flujo de sangre no esperó que Jesús se le acercara y le impusiera las manos. (Ver Lucas 8:43-48). Se abrió paso entre la multitud, tocó el borde del manto del Maestro y recibió su milagro.

Escucha bien, tienes un llamado en tu vida. Es un llamado divino, por el que has estado presionando y lo has estado persiguiendo. Es posible que hayas asistido a todas las conferencias y leído todos los libros pertinentes. Es probable que hayas recibido una palabra profética tras otra. Puede que estés rodeado por un grupo de personas que no saben lo que sabes acerca de lo que Dios te ha llamado a ser. Pero es mejor que apresures todo, porque a medida que sigas adelante y toques a Jesús, virtud saldrá de él y entrará en tu ser.

Y como sucedió con la mujer con flujo de sangre, la virtud de Jesús que fluye en tu vida acabará con todos los problemas. No continuarás enfrentando los problemas que tuviste en el pasado. Profetizo que cuando intentes extender el reino de Dios al amplificar tu voz, la pobreza no será problema para ti; la escasez no te afectará;

la enfermedad no será problema para ti; el dolor, la amargura y el orgullo se acabarán. La soledad no será tu problema. Repite lo siguiente ahora mismo: «Estas cosas no serán problemas para mí cuando la virtud de Jesús entre en mi vida». Declare que todos tus problemas se están acabando ahora. Se están secando por la virtud de Dios.

La virtud trae integridad y excelencia a tu vida. La virtud constituye la atmósfera de poder, curación y milagros. La vida virtuosa es una existencia admirada y respetada. Jesús era un hombre virtuoso. Él es el ejemplo perfecto del poder de la virtud. Podemos caminar en la senda de la virtud llevando una vida semejante a la de Cristo. Su vida puede afectar cada parte de nuestro ser y hacer que vivamos al abrigo del Altísimo, en el imperio del poder y la gloria.

Si crees esto y quieres tener la virtud de Cristo en tu vida, haz la siguiente oración conmigo, ahora mismo.

ORACIÓN POR IMPARTICIÓN DE VIRTUD CRISTIANA

Padre, te pido que impartas a mi vida una mayor medida de bondad, gracia, humildad, mansedumbre, longanimidad y sumisión. Oro para que al caminar en virtud, experimente el chayil de Dios. Deja que la virtud aumente para que incluso cuando ministre, la gente sea sanada y liberada porque tu virtud esté siendo instrumentada por mí. Oro hoy mientras extiendo la mano y te toco, Jesús, para que tu virtud fluya dentro de mí. Señor, recibo mi virtud. Te toco hoy. Gracias por permitir que tu virtud entre en mi vida. Amén.

CAPÍTULO 7

LA VOZ QUE PRODUCE PACIENCIA

*Vestíos, pues, como escogidos de Dios, santos y
amados, de entrañable misericordia, de benignidad, de
humildad, de mansedumbre, de paciencia.*
—COLOSENSES 3:12, RVR1960

N EL CAPÍTULO anterior consideré una lista de virtudes que
necesitas como representante del cielo, como uno que habla
y el cielo responde. Debes comprender que un gran llamamiento implica la gran responsabilidad de actuar con integridad,
prudencia, sabiduría, humildad, bondad y amor. Estos son rasgos
que muestran que has sido enviado por Dios. He enseñado muchas
lecciones sobre la sabiduría, ya que eso es lo principal, como dice
Proverbios 4:7. Facilita el favor de Dios.

Podría enseñar todo el día sobre la sabiduría y el favor. Sin
embargo, hay otra virtud a la que quiero dedicar un tiempo. No
es algo que nos guste mencionar con demasiada frecuencia, pero
considero que esta virtud es fundamental cuando se trata de poder
hablar sobre la vida de las personas, los problemas políticos o sociales, las tendencias e innovaciones en el mercado y las cosas que
hacen avanzar el reino. Esa virtud es la paciencia.

La paciencia se define como «soportar resignadamente una ofen-
sa o una dificultad duradera». Los sinónimos incluyen «tolerancia»,

«resignación», «comprensión» y «estoicismo». «Sufrir mucho tiempo sin quejarse: mucha paciencia en los momentos difíciles» es otra dimensión de la paciencia. Es un fruto del Espíritu que se encuentra en Gálatas 5:22-23. Es parte de la solicitud urgente de Pablo a la iglesia de Éfeso e incluso para nosotros hoy. Él insta a que caminemos dignos de nuestro llamado «con paciencia, soportándonos los unos a los otros en el amor» (Efesios 4:2).

Puedo imaginar lo que estás pensando. Esto no parece un tipo de mensaje para sentirse bien, un sermón que me haga feliz. Luce extraño. Y realmente no necesitamos buscar la definición de sufrimiento para saber que no es algo que nuestra carne naturalmente quiera hacer.

¿A quién conoces que posea esta virtud? Con solo mirar la palabra, puedes ver que implica dos cosas que no nos gustan cuando están juntas: sufrimiento y anhelo. Podemos lidiar con el sufrimiento breve, pero ¿cuándo fue la última vez que escuchaste un mensaje sobre el sufrimiento? La iglesia no suele abordar este tema, pero quiero tratarlo como voz que soy en la tierra, hablar de esas situaciones para así traer el cielo a la tierra. Necesitamos paciencia para llevar el cielo al infierno que viven las personas que están en la tierra. Muchas de ellas se encuentran en circunstancias en las que su pecado o ignorancia, o los pecados o la ignorancia de sus padres, madres, abuelos y abuelas, los han tenido por tanto tiempo. Y tú puedes ser la única voz en sus vidas que lo cambie todo.

La paciencia también es la clave para mantenerse firme a través de la persecución. Esto se presenta en muchas formas, pero en el momento en que Pablo escribió sus cartas a los gálatas y a los efesios, la iglesia enfrentaba persecución y, consecuentemente, encarcelamiento físico, tortura y muerte. Los creyentes habían estado bajo fuego desde los días de Hechos, después de que el Espíritu Santo entró en el aposento alto como un viento recio y fuerte, cuando muchos se agregaron a la iglesia en Jerusalén. Después de eso fueron objeto de una fuerte persecución durante mucho tiempo y tuvieron que huir de la ciudad. Pero a medida que se dispersaban, el evangelio se extendía como fuego. Dios usó la persecución como una forma de sacar a la iglesia primitiva de su rutina. Fue como si dijera: «Si no vas a salir de esta rutina para predicar el evangelio, te haré salir yo».

Incluso hoy, la iglesia mundial se enfrenta a la persecución en países como China y en partes del Medio Oriente. Según una declaración del obispo anglicano Philip Mounstephen publicada por la BBC de Londres, «La evidencia muestra no solo la extensión geográfica de la persecución anticristiana, sino también su creciente severidad... En algunas regiones, el nivel y la naturaleza de la persecución está posiblemente acercándose a cumplir con la definición internacional de genocidio». Los informes también indican una propagación exponencial del evangelio en esas áreas. El reino se expande a niveles mayores cuando hay persecución, porque esta trae la voz del cielo. Dios exige la voz profética cuando su reino sufre violencia.

La persecución puede venir en muchas modalidades. ¿Has sentido que has tenido un objetivo en tu espalda incluso desde antes de nacer? He escuchado muchos testimonios y he ministrado a muchos creyentes cuyos destinos fueron amenazados por el aborto, el rechazo, el abandono, la vergüenza y el abuso. Muchas de esas cosas pueden haber intentado silenciarte antes de que supieras el poder que tiene tu voz. Y aun cuando has llegado a conocer lo que Dios te ha llamado a ser, te enfrentas a todo tipo de oposición que intenta silenciarte. Los episodios inusuales de laringitis, los ataques durante el sueño, la opresión en la garganta, el síndrome de impostor, los ataques a tu confianza y el bloqueo del escritor son cosas comunes que afectan a predicadores, oradores, escritores, compositores, juglares y líderes de adoración. También puedes notar los ataques contra tus finanzas, aun cuando ofrendas. Todas esas pueden ser formas de persecución espiritual que llegan a limitar tu capacidad para moverte en dirección a las cosas a las que Dios te ha llamado.

Cuanto más consciente eres de lo que Dios te ha llamado a ser, más aumenta el enemigo el nivel de persecución contra ti. Cuando enfrentes ciertas pruebas, debes animarte a saber que eres una amenaza para el reino de las tinieblas.

La *paciencia* te da la habilidad de soportar las dificultades hasta que Dios intervenga. La mayoría de las veces, visto a través del lente de la persecución espiritual, la paciencia también implica que eres capaz de soportar las relaciones irritantes o las situaciones difíciles en las que Dios te está llamando a hablar. La paciencia hace posible que trabajes con ciertas personas o que superes algunas situaciones hasta que llegue la curación o la liberación, o hasta que se resuelva el problema. Es posible que debas seguir presionando hasta que las personas por las que estás orando, decretando y declarando algo en concreto sean liberadas, de modo que caminen rectamente, prosperando y con buena salud.

Hay algunas circunstancias en las que Dios nos insta a sufrir, soportando con amor. Hay algunas personas con las que Dios nos llama a sufrir pacientemente. No podemos estar en eso a corto plazo, listos para abandonar el barco cuando algo nos ponga los nervios de punta o la situación se vuelva demasiado incómoda. A medida que hables en ciertas situaciones y comprendas que eres los cielos de los que Dios está hablando en el Salmo 19, comenzarás a darte cuenta de que debes hablar hasta que veas al cielo venir a la tierra y traer transformación en cualquier situación en la que Dios te haya puesto.

POR QUÉ NECESITAS PACIENCIA

La paciencia es una virtud muy importante, por lo que debemos agregarla a nuestra fe antes de adicionar el conocimiento. Este es el motivo: no todas las personas a las que eres llamado a alcanzar tendrán todas las cosas en orden. Es muy probable que muchas de ellas estén enfrentando malas circunstancias. Lo más seguro es que no tengan el conocimiento que tú tienes. Pero a medida que muestres paciencia, humildad, bondad, dominio propio, generosidad y las demás virtudes, verás que las situaciones de ellos cambian. Sin longanimidad, su ignorancia hará que sientas enfado.

La Biblia dice en Eclesiastés 1:18 (RVR1960): «Porque en la mucha sabiduría hay mucha molestia; y quien añade ciencia, añade dolor». Cuanto más sepas, más triste te sentirás. Puedes observar a tu alrededor y verás toda la ignorancia imperante y lo que la gente hace con sus vidas, lo cual puede hacer que te pongas a llorar. A veces, cuando la gente se me acerca en busca de una palabra profética o de una oración específica y el Señor me revela con qué están lidiando, solo me dan deseos de llorar. Debido a que no saben cómo vivir, toman decisiones que —literalmente— lo único que les harán conseguir es que sus vidas se arruinen.

Cuando Dios te ha sacado de la vida en la que estabas, puede ser difícil ver a otros luchar con la de ellos. Pero muchas veces, esas personas no dedicarán tiempo a estudiar, ni a orar ni a aprender a crecer en su vida espiritual con Dios. No quieren pagar el precio de vivir para Dios. Quieren ser bendecidos, pero no están dispuestos a pagar el precio. Entonces dirigen sus miradas a ti —y a otros— que estás estudiando, aprendiendo y agregando a tu fe virtud y conocimiento a la virtud, y se ponen celosos.

Tú has estado en todos los servicios. Te pasas el tiempo en el altar, clamando a Dios. Siempre ayunas, oras y confiesas la Palabra. Has hecho lo necesario para abrirte paso en este camino y los demás no han hecho nada de eso. Fuiste a conferencias y gastaste todo tu dinero en recursos y libros. Luego te fuiste a casa y estudiaste durante días y semanas mientras ellos hacían otras cosas. Obtuviste conocimiento y sabiduría. Estabas construyendo tu fe. Aprendiste lo que significa moverse en lo profético y lo apostólico; sabes lo que es liberación, curación y milagros; permaneces en la adoración a Dios y has visto su gloria mientras que ellos hacían lo que se les antojaba. Pero entonces, cuando se meten en problemas, quieren acudir a ti para que ores. ¿Puedes identificarte con esto? No querían dedicar tiempo para estudiar y orar, pero luego quieren correr hacia ti para que ores por ellos. Tenían tiempo para pecar, pero no para crecer en su vida espiritual.

¿Ves con qué facilidad puedes enfadarte, enojarte, frustrarte, encolerizarte e irritarte, si obtienes todo el conocimiento, pero no tienes virtud, ni paciencia? «Si supieran lo que es la liberación», sacudes la cabeza y piensas, «no estarían lidiando con cosas de las que podrían haber sido liberados».

Nos encanta el conocimiento. Nos gusta más que la virtud, porque esta consiste en caminar con humildad. La virtud implica tener paciencia y entereza. La virtud debe estar llena de amor, caridad, piedad, honestidad, integridad, bondad y misericordia. La virtud es mostrar compasión. Estas son las cosas que Dios dice que debemos desarrollar en nuestras vidas, incluso antes de obtener el preciado conocimiento. Él siempre sabe lo que es mejor. Él ve el final desde el principio. Él quiere que agregues, a tu fe, virtud para que cuando tengas conocimiento, también puedas tener compasión. Solo así puedes tener compasión de las personas que no saben lo que tú sabes acerca de la bondad, la gracia y el amor de Dios.

Recuerdo un día en que andaba por el centro de Chicago. Cuando salí de una tienda, un joven y su hijo se acercaron a mí. El joven me dijo:

—Señor, ¿tiene algún dinero sobrante que me regale?

—¿Qué estás haciendo aquí pidiendo dinero? —le dije—. ¿Sabes? Este no es el plan de Dios para tu vida. ¿A qué iglesia vas?

—Voy a una iglesia cercana —me respondió.

—¿A cuál iglesia? —le pregunté.

—Voy a San Pedro, a la vuelta de la esquina —contestó.

Así que le dije ya con cierta agudeza:

—Tienes que ir a la Iglesia de San Pedro y pedir que te den un reembolso. Porque no te están enseñando nada, hermano. Andas mendigando en la calle. Esa no es la voluntad de Dios para tu vida.

Permíteme que ore por ti. (Cuando la gente te pida dinero, te permitirán que ores por ellos porque saben que el dinero va a llegar).

Comencé a orar por él ahí mismo, en la calle, mientras varias personas pasaban y él comenzó a llorar como un bebé. Las lágrimas fluían con tanta fuerza que cubrían su rostro y se precipitaban al suelo. El hombre no estaba acostumbrado a que alguien quisiera orar por él. El joven pudo haber esperado, simplemente, que yo sacara algo de dinero y siguiera mi camino. No esperaba que me tomara un tiempo con él y llegara a la raíz del por qué estaba de pie en la calle mendigando con su hijo pequeño.

Continué con la oración: «Dios, destruyo todo espíritu de pobreza y carencia que está haciendo que este hombre deambule por estas calles mendigando con su hijo. Destruyo todo espíritu de vergüenza y temor en su vida. Ordeno a los espíritus que lo atan que salgan de él, ahora mismo, en el nombre que es sobre todo nombre, el nombre de Jesucristo». Entonces profeticé sobre él.

Las lágrimas continuaron brotando de sus ojos.

A veces, lo único que la gente necesita es compasión. Ya es una situación bastante mala que pase por un momento de su vida en el que se vea forzado a tener que salir a mendigar. Nadie quiere andar por las calles pidiendo dinero y menos aún con un hijo al lado. El hombre ya estaba atrapado en la vergüenza y la pobreza. No necesitaba que yo lo juzgara y lo criticara.

Sin embargo, algo que sí hice fue darle una amorosa palabra de reprimenda. Le dije:

—Hermano, necesitas ir a una iglesia en la que puedas aprender la Palabra de Dios. No sé qué te están enseñando en San Pedro, si son avemarías o lo que sea. Pero necesitas una iglesia que te ayude a edificarte y que instruya a tu hijo, para que ya no tengas que mendigar en la calle. Esta no es la vida que Dios ideó para ti.

A menudo ignoramos cuán bendecidos somos a causa de lo que sabemos en cuanto a lo profético y lo apostólico; acerca de la liberación y los milagros; sobre la fe y las sanidades; acerca de la generosidad, la prosperidad y la abundancia; respecto a la adoración y el cántico al Señor. No hay mucha gente en el mundo que realmente entienda estas cosas en particular. Dios ha sido bueno contigo al darte el privilegio de llevarte al conocimiento de la verdad.

PERMANECE FIRME HASTA QUE EL ENEMIGO SE VAYA

Cuando se nos asigna a usar nuestras voces, dones, talentos e incluso el conocimiento que hemos adquirido para ministrar a las personas, requerimos de mucha compasión, amor y entereza. Necesitamos paciencia. Puedes obtener todo este conocimiento, pero si no eres paciente con las personas, no puedes ministrarles liberación. O si estás pensando en otras cosas, si no te enfocas bien, no serás un entrenador ni un mentor exitoso. Algunas personas no son liberadas en una sola sesión. Deben seguir regresando, a veces hasta en el mismo día.

En una sesión de liberación, en particular, le ordené al espíritu de miedo que dejara a una persona y el demonio salió. Pero entonces surgió otro espíritu de temor al que le dije:

—Bueno, pensé que te había echado.

A lo que respondió:

—Soy un espíritu de miedo diferente. Soy otro.

En otra ocasión, estábamos echando fuera demonios y dije:

—Espíritu de ira, sal de ella.

Pero el demonio no se movía, permaneció inmóvil.

Entonces le volví a ordenar:

—Te dije que te fueras.

El espíritu maligno volvió a decir:

—Mi nombre no es ira. Mi nombre es cólera. Le estás hablando al demonio equivocado.

Así que le dije:

—Bueno, sea cual sea tu nombre, sal de esta persona.

Tu voz puede tener un gran impacto cuando haces uso de la paciencia, la compasión, la misericordia y la gracia con las personas. Necesitas virtud para poder seguir tratando con las personas hasta que experimenten una libertad total y completa. Doy gracias a Dios por el poder, la fortuna, las riquezas, la fuerza y el poder que son característicos del *chayil*. Pero también debemos abrazar la bondad, la humildad, la piedad, la longanimidad, la generosidad y la gentileza. Si te rindes a este aspecto de la virtud, comenzará a aumentar el poder de Dios en tu vida.

Escuché al ministro profético Ryan LeStrange citar una declaración del autor Bill Vincent, una vez cuando estaba predicando, que simplemente se me quedó grabada. Él dijo: «Cuando descubras cosas que parezcan contribuir al engrandecimiento de la gloria de Dios, practícalas más; pero cuando encuentres cosas que parezcan ir en detrimento de la gloria de Dios, deja de hacerlas. Es tan simple como eso».

CÓMO AUMENTAR Y RESTAURAR LA VIRTUD DE TU VOZ

Humildad, paciencia, longanimidad, compasión, son virtudes divinas en las que puedes crecer. Deberías tener más virtud en este tiempo que hace cinco años. No deberías ir a la iglesia y sentirte peor que hace cinco años. He visto pasar esto muy a menudo. La gente va a todos los servicios de su congregación. Asisten a todas las actividades, sean especiales o rutinarias. Sienten la gloria de Dios. Adoran al Señor, cantan alabanzas y hasta reciben el ministerio de liberación. Pero empeoran. Ojo. La iglesia es diseñada para hacerte sentir mejor —y para que seas mejor—, no peor.

Si eres pastor, empresario o líder de una organización, debes saber sufrir; es más, debes ser sufrido, porque si no lo eres, te amargarás. La gente te abandonará y ni siquiera se despedirá de ti. Las personas en las que has invertido tiempo, esfuerzos y dedicación, a las que les has enseñado todo lo que saben, se alejarán de ti y ni siquiera te darán las gracias. Son como los leprosos ingratos a quienes Jesús sanó en Lucas 17:11-19, que no regresaron a darle las gracias. Algunos se alejarán de ti y hasta hablarán de ti como si fueras el demonio más grande de la ciudad. Oraste por ellos, profetizaste sobre ellos, les impusiste las manos, les impartiste bendiciones, les prestaste la plataforma y los promoviste —tanto a ellos como a sus ministerios—, y sin embargo, se alejan de ti sin siquiera despedirse.

Si no conoces mucho el sufrimiento, terminarás amargado, alterado y con tu cuerpo y tu mente enfermos. Serás un liberador que necesita liberación. Necesitas la virtud de la paciencia en tu vida. Cuando tienes esa virtud, puedes soportar el maltrato que vendrá debido a la unción de Dios que llevas en tu ser. Jesús nos advirtió de ello en el Libro de Juan:

> Si el mundo los aborrece, tengan presente que antes que a ustedes, me aborreció a mí. Si fueran del mundo, el mundo los amaría como a los suyos. Pero ustedes no son del mundo, sino que yo los he escogido de entre el mundo. Por eso el mundo los aborrece. Recuerden lo que les dije: «Ningún siervo es más que su amo». Si a mí me han perseguido, también a ustedes los perseguirán. Si han obedecido mis enseñanzas, también obedecerán las de ustedes. Los tratarán así por causa de mi nombre, porque no conocen al que me envió.
>
> —Juan 15:18-21

El Señor también dijo que sacudas el polvo de tus pies si no reciben tus palabras ni tu ministerio (Mateo 10:14). En otras palabras, no dejes que el rechazo se te quede pegado. O, lo que es lo mismo, no te quedes atascado en el rechazo. No permitas que la amargura se instale en tu vida. Perdónalos y sigue adelante. No te dejes agobiar por nada de eso.

Esto puede ser difícil, sobre todo cuando comienzas entusiasmado y lleno de gozo por lo que Dios te ha llamado a hacer. Luego, diez años después, a causa de las cosas desagradables que te han sucedido o te han hecho algunas personas, te conviertes en una persona sensible e irritable.

Recuerdo cuando me ordenaron al ministerio en 1981. Tenía veinticuatro años en ese tiempo. El obispo nos llamó a cuatro candidatos y a mí para otorgarnos nuestros papeles de ordenación. No hubo intervención de ningún ministerio profético. Él no dijo: «Profetas, vengan, impongan las manos y profeticen sobre estos hombres».

Todo lo que dijo fue: «Asegúrense de pagar las cuotas de esta organización todos los años». Luego nos miró como si sintiera pena por nosotros y dijo: «¿Están seguros de que quieren hacer esto: trabajar en el ministerio?».

Era como si supiera lo que venía, por lo que afirmó: «Ah, están muy jóvenes, la emoción los embarga. Están empezando a hacer realidad sus sueños. Planean conquistar al mundo para Cristo. Todos ustedes están en el primer amor. Son carne fresca. Los santos están a punto de devorarlos».

Mientras permanecía ahí parado ante el ministro que me ordenaba, estaba pensando: «Gracias a Dios. Estoy siendo ordenado».

Sin embargo, el obispo estaba allí como vacilando: «¿Estás seguro de que estás listo para esto?».

En otra ocasión, estaba participando en una ordenación de ministros en Detroit. Una mujer de Dios me había pedido que fuera a ayudarla a ordenar a algunos líderes. Nunca olvidaré ese episodio de mi vida. Fue la ordenación más extraña e inusual de la que he sido parte. Los ritos pertinentes a la ceremonia se escribieron en un libro. Luego tuvimos que leérselos a los candidatos a la ordenación. Yo estaba estupefacto, extrañado. No podía creer aquello, pero lo que en realidad me dejó desconcertado era que decía: «Ahora, voltéense y miren a la congregación, porque algunos de ellos los traicionarán y se alejarán de ustedes».

Lo que vino a mi mente fue: «Hombre, esta es una ceremonia de ordenación deprimente. ¿Es tan malo esto?».

Hace años estuve en una reunión en la que se hizo evidente que el líder que presidía el grupo estaba envejeciendo y estaba a punto de renunciar. Aprendí que, en ese caso, cuando el líder muere, es reemplazado por uno de los líderes que están calificados y cuya posición de autoridad es justo debajo de esa persona. Esto crea una atmósfera en la que todos están a la espera de convertirse en el siguiente en la fila. Así que, en esa reunión —en particular— el líder se levantó y comenzó a leer Hechos 20:29, donde Pablo dijo: «Sé que después de mi partida entrarán en medio de ustedes lobos feroces que procurarán acabar con el rebaño». Entonces cerró su Biblia, se dio la vuelta y dijo: «Y aquí están».

Por supuesto, pueden haber tratado de mejorar la situación con solo decir: «Ah, es que está envejeciendo. Está perdiendo la cabeza. No le presten atención». Pero ahí estaban, los que seguían en la fila —sentados— esperando a que el líder principal muriera para poder ocupar su lugar.

No suelo hablar mucho de mi propio pastor, pero fue un profeta de Dios; se convirtió al Señor en 1929.

Debido a que era profeta, la iglesia de la que formaba parte realmente no lo entendía, por lo que le hicieron pasar algunos malos ratos. Tenía visiones y esbozaba lo que veía. Una vez tuvo una visión acerca de una mesa de reuniones en cuyo alrededor había un montón de osos. Entonces hizo un dibujo con unos osos sentados alrededor de una mesa y se lo llevó a sus pastores. Cuando me habló, le dije: «No es de extrañar que no les guste. Usted trajo una foto de un montón de osos y esos osos son ellos».

Él nos contaba todas las cosas por las que pasó en la iglesia cuando era un joven predicador. Recuerdo una vez cuando íbamos en auto de Chicago a Memphis a una conferencia. Uno de los hombres que viajaba con nosotros y mi pastor estaban hablando sobre algunas de las cosas que suceden en la iglesia. El otro hombre dijo: «No les digas esto a los jóvenes predicadores. No necesitan saberlo».

Entonces mi pastor respondió: «Voy a contarles todo lo que sé para que puedan estar preparados para enfrentar las cosas con las que tienen que lidiar».

Fue bueno haberme levantado en el ministerio con mi pastor. Él nos ayudó a saber que hay personas en el ministerio que no tienen ninguna virtud. Predican, enseñan y prestan servicios, pero no tienen virtud, humildad, longanimidad, paciencia, compasión, bondad ni misericordia. Son egoístas y muchas veces quieren que estés y te sientas debajo de ellos. Pueden profetizar, ministrar una palabra de conocimiento y operar con los dones del Espíritu. Algunos pueden profetizar con tanta precisión que hasta pueden llamarte por tu nombre, decir tu dirección e incluso tu número de seguro social; sin embargo, no pueden evitar el adulterio y la fornicación. Carecen de autocontrol, o dominio propio, y además de santidad.

Como voz que representas el reino de Dios y hablas en nombre del cielo, debes tener virtud. Debes mantenerte limpio y vivir en santidad. No blasfemes. Mantén tu enfoque en Cristo.

De modo que, si quieres moverte en el *chayil* de Dios, comprométete a tener virtud a ser virtuoso. Esa no es una de esas cosas que se celebran a menudo, pero es de gran estima ante los ojos de nuestro Dios. Virtud es lo que demuestras cuando no estás en el púlpito ni liderando al frente de alguna manera. Virtud es lo que demuestras cuando estás a solas, con las puertas cerradas, en la intimidad.

Permíteme que te cuente una historia más. Ya sabes, a medida que envejeces, comienzas a contar historias. Hace años, mi esposa y yo estábamos comiendo en un antiguo bufé campestre. Estaba molesto por algo y discutía con ella en la mesa cuando alguien se acercó y dijo: «¡Apóstol Eckhardt!».

Sin perder la compostura, dije: «¡Alabado sea el Señor!».

Cambié de inmediato. Me sentí tan hipócrita. Consciente de lo que había hecho, sabía que mi esposa tenía todo el derecho a decir: «Ajá, mírate. Tienes el descaro de decir "Alabado sea el Señor", cuando me estabas regañando. Se supone que eres un hombre de Dios».

Ya sea que dijera esas palabras exactas o no, sentí convicción y tuve que empezar a reírme. De modo que le pedí: «¿Me perdonas, cariño? Dios permitió que alguien me atrapara en público. Lo siento mucho».

Ahora bien, profetizo que —con todo lo que llevas y representas— si actúas como un tonto, alguien se te acercará y te dirá: «Realmente disfruto su ministerio», en medio de tu necedad. Por tanto, debes aferrarte siempre a la virtud. Y déjame que te diga lo siguiente: cuando la virtud sature tu vida, el poder de Dios afectará todas las áreas de tu ser. Pensarás y hablarás virtuosamente. Como he dicho, la virtud es algo de lo que no hablamos mucho ahora, pero Dios está destacando su importancia, y una de las virtudes que tendrás que desarrollar es la de la paciencia. Necesitarás esta virtud para poder mantener la calma en medio de las pruebas y las dificultades y, además, para tratar con la gente inestable. La longanimidad, la paciencia y la perseverancia aumentan tu capacidad de resistir las pruebas y las dificultades, aparte de que disminuyen la posibilidad de que te vuelvas amargado o irritable. Con esas virtudes puedes atravesar el infierno y —con todo y eso— conservar tu amor. Puedes atravesar el caos y aun así caminar con integridad. Puedes atravesar la traición y seguir amando a la gente, aun a la que te traiciona.

DECLARACIONES PARA LA IMPARTICIÓN Y EL AUMENTO DE LA VIRTUD

Señor, con toda diligencia añadiré a mi fe virtud y a la virtud conocimiento. No evadiré la virtud.

Señor, haré de la virtud una prioridad en mi vida.

Paciencia, humildad, tolerancia, mansedumbre, humildad, integridad, honestidad, bondad, misericordia, compasión, gozo: que estas virtudes aumenten en mi vida.

Señor, te doy gracias porque soy un creyente virtuoso. Soy un creyente chayil. Y Señor, oro para que a medida que la virtud aumente en mi vida, tu poder también aumente en mi vida.

A medida que aumente la humildad en mi vida, tu virtud y tu poder también aumentarán en mi ser.

Señor, permíteme que piense virtuosamente. Déjame hablar virtuosamente. Déjame caminar virtuosamente. Déjame ministrar virtuosamente.

Gracias, Señor, porque tu virtud está aumentando en mi vida. Tu poder, tu bondad y tu excelencia están aumentando en mi vida.

Caminaré en el poder del chayil todos los días de mi vida, porque tengo virtud.

Gracias, Señor, porque la virtud y la gloria aumentan en mi vida.

Señor, me comprometo a asumir un estilo de vida virtuoso. Viviré limpio. Viviré santo. Caminaré en integridad. Me mantendré puro en todas las áreas de mi vida. Administraré el dinero con pureza y honestidad. No haré trampas. No mentiré. No seré deshonesto.

———————————————————————

¡Gracias Señor! Caminaré en virtud todos los días de mi vida.

———————————————————————

Padre, gracias por derramar paciencia en mi vida.

CAPÍTULO 8

CONFIESA CON TU BOCA Y ACTIVA EL PODER DE LA LENGUA

A cualquiera, pues, que me confiese delante de los hombres, yo también le confesaré delante de mi Padre que está en los cielos.
—Mateo 10:32, RVR1960, énfasis añadido

PARA SER UNA voz a la que el cielo responda, necesitas cierto tipo de atmósfera para crecer, desarrollarte y cobrar ánimo, porque cuando estás en ese tipo de ambiente, tus dones, tu unción, tus talentos y tus habilidades se manifiestan. Ahora bien, hay diversas cosas que contribuyen a ese tipo de atmósfera, por lo que —realmente— la iglesia debe ser el lugar en el que cultives este ambiente de modo que te desarrolles y crezcas.

En otras palabras, no deberías asistir a una iglesia que no tenga que ver nada con lo profético. Aunque este libro no trata específicamente de lo profético, cualquiera que haya sido llamado a expresarse como habla el cielo o a hablar de una manera a la que el cielo responda debe tener una naturaleza profética. Como ya hemos visto, para hablar en diversas situaciones y traer el cielo en vez del infierno; para que se manifiesten la curación y la paz en vez de la enfermedad y la contienda; para traer la virtud y el poder de Dios, debes caracterizarte por lo profético. Para continuar siendo

153

edificado y animado de una manera que te permita crecer en tu capacidad de ser una voz, debes escuchar a Dios. Eso es la esencia del reino profético. Las iglesias que aceptan y promueven el oficio y el don profético son las más efectivas para ayudarte a mantener tu voz aguda, precisa y efectiva.

No fluirás en tu llamado ni lograrás tus asignaciones si estás en una iglesia en la que la gente discute, es terca y no se anima ni cree en cuanto a lo profético. Terminarás muriendo en ese lugar. Te sentirás sofocado y al fin te sentirás silenciado. Tener visiones y sueños es bueno, pero más que eso, para agitar tu voz y ver cómo impacta a las naciones, debes desear la gloria de Dios.

Una voz que trae el cielo a la tierra debe querer ver a Dios glorificado. Debe querer ver a Dios honrado, servido, adorado y siendo objeto de la prioridad de todos. Traer el cielo a la tierra —ver que el cielo entra en la vida de las personas; ver entrar al cielo y cambiar a tu familia de forma que se reviertan las maldiciones generacionales; ver el cielo entrar en tu iglesia, tu ciudad o tu nación—, hace que Dios manifieste su gloria y su presencia, y que impere el gobierno celestial en la tierra. Declarar la gloria de Dios debe ser tu prioridad número uno a medida que cumples con lo que Dios te puso a hacer en la tierra. Si pones otra cosa delante de Dios, eso perturbará la eficacia de tu voz. Expresar la gloria de Dios debe ser tu principal preocupación o interés. Y si estás en una iglesia que no cultiva un ambiente donde mora la gloria de Dios, puede que sea el momento de buscar y hallar una nueva.

Cuando dar gloria a Dios no es lo principal, comenzamos a glorificar a otros dioses, los cuales son falsos, tal como lo hizo Israel. Abrimos la puerta a la adoración de los ídolos cuando Dios no es el número uno. Nuestras iglesias y nuestras vidas se convierten en centros para servir a los ídolos y adorar a dioses falsos. Comenzamos a romper el pacto y a desobedecer la voz de Dios, por lo que la bendición de Dios ya no es evidente. En ese entorno comprometemos nuestra influencia en los cielos y en la tierra. Muchos en la iglesia se preguntan cómo perdimos la capacidad de hablar en ciertas áreas y ver el poder de Dios manifestado. Eso se debe a que la gloria de Dios no es la prioridad número uno en nuestras vidas. La anulamos. Si queremos ser bendecidos y ver que nuestras palabras tengan peso en la tierra, debemos arrepentirnos y regresar a una posición en nuestro corazón en la que Dios sea nuestra prioridad número uno. A él debemos darle toda la gloria.

La adoración está a la vanguardia del desarrollo de un corazón que hace de Dios su prioridad más importante, porque a medida que glorificas a Dios, te conviertes en un adorador. No hay forma de que puedas decirme que glorificas a Dios en tu vida pero que no te gusta adorar. La gloria de Dios radica en su presencia, y él está presente en la alabanza y la adoración que se le rinde (Salmos 22:3). Si Dios es la prioridad principal de tu vida, la adoración debe ser importante para ti. Si Dios es la prioridad principal de tu vida, debes amar su presencia. Si Dios es la prioridad principal de tu vida, cuando su presencia está en un servicio, no te pararás ahí con las manos en los bolsillos masticando chicle. Estarás inclinándote, levantando las manos, bailando o llorando. La verdadera adoración debe ser siempre el centro de todo lo que hagas; tu prioridad debe ser lo que exalte a Dios, lo que le da gloria a su nombre y lo que engrandece su naturaleza.

Cada vez que los israelitas dejaban de adorar a Dios de la manera correcta, los profetas venían y los reprendían. Sin embargo, siempre fue la voluntad de Dios que la adoración no fuera relegada a Jerusalén e Israel solamente; siempre estuvo destinada a extenderse por todo el mundo para que hubiera personas de todos los colores, tribus, lenguas y naciones que adoraran a Dios, porque nuestro Dios es grande. No hay nadie como él en el cielo ni en la tierra. Él es asombroso. Es magnífico. Él es el más grande. Él es hermoso. Él es majestuoso. Él es poderoso. Él es el único Dios vivo y verdadero. Cuando realmente recibas una revelación del Dios por el que has sido llamado a hablar, te convertirás en un verdadero adorador.

EL MODELO DE LA ADORACIÓN

En la Biblia, el modelo del adorador es David y —probablemente— más que cualquier otra persona en las Escrituras, es el que más nos ayuda a comprender la importancia de la adoración. A él le encantaba adorar a Dios. Disfrutaba estar en la presencia de Dios. Era una voz que hablaba en nombre del cielo y llevaba un manto profético. Hay algo relevante en cuanto a eso de ser una voz y ser profético. No puedes ser una cosa sin la otra. Esta naturaleza profética requiere que te desenvuelvas en cierto tipo de atmósfera de adoración para que puedas prosperar. A veces, en nuestras iglesias, hemos tenido más entretenimiento que verdadera adoración. Nos encanta cantar. Nos encanta la música. Tenemos grandes cantantes. Tenemos grandes intérpretes. Tenemos artistas de *gospel* pero el problema, a veces, es que algunos de los artistas cristianos clave no tienen estilos de vida que conduzcan a la santidad, ni mucho menos que la modelen.

Cuando algo solo hace que la gente aplauda y se sienta bien sin que haya convicción, unción, presencia o gloria, no se produce un efecto real en nuestras vidas. Por eso, lo que Dios hizo a través de David fue establecer un modelo para la adoración verdadera que marcó el comienzo de la gloria de Dios. David llevó a Israel a una posición de adoración que el pueblo de Dios no había conocido antes.

Sabemos que cuando Dios le dio a Moisés el tabernáculo, le dijo que lo estableciera y le presentara sacrificios, todos los cuales son tipos y símbolos de Jesucristo y de su obra. (Ver Éxodo 25-31; 35-40). Ellos tenían sus días festivos: Pascua, Pentecostés, Tabernáculos. También tenían los sacrificios. Tenían las diferentes habitaciones en las que adoraban a Dios. Tocaban el shofar. Tenían vestiduras sacerdotales, incienso y el arca de Dios, o el arca del pacto, que colocaban detrás de la cortina cerrada —el velo— que separaba el lugar santo del Lugar Santísimo. Solo el sumo sacerdote podía entrar en el Lugar Santísimo, una vez al año, con la sangre de un cordero para hacer expiación en el propiciatorio por los pecados del pueblo. (Ver Levítico 16). Pero nadie tenía acceso a la misma presencia gloriosa de Dios.

Como producto del pecado, la humanidad fue separada de Dios, por lo que este le presentó al pueblo de Israel lo referente a los sacrificios, la expiación y la cobertura de la sangre para expiar sus pecados cada año. Todos esos ritos se realizaban en el Día de la Expiación durante la Fiesta de los Tabernáculos. Los sacerdotes cumplían con todas esas ceremonias para expiar los pecados del pueblo. Pero sucedió algo en la época del profeta Samuel, antes de que Israel tuviera rey. Israel estaba luchando contra los filisteos y perdió una batalla, así que tuvieron una idea: «Traigamos de Silo el arca del pacto del Señor. Si la llevamos con nosotros a la batalla, nos salvará de nuestros enemigos» (1 Samuel 4:3, NTV).

Sin embargo, perdieron la batalla y también el arca. El arca terminó en Filistea, en la casa de Dagón (1 Samuel 5:2). Los filisteos se llevaron el arca como trofeo para su dios. Pusieron el arca de Dios junto a la estatua de Dagón. Al día siguiente, cuando la gente de Asdod se despertó, vieron que Dagón había caído de bruces y se había roto las manos (vv. 3-4). Estaban aprendiendo que ningún ídolo puede estar en la presencia de Dios. Así que volvieron a levantar la estatua, pero cuando regresaron al día siguiente, vieron que se había caído de nuevo y esta vez se había roto el cuello.

No sé ustedes, pero yo no serviría a un dios que tuviera que recogerlo cada vez que se caiga. Necesito un Dios que me levante. Habría dejado a Dagón ese mismo día y habría dicho: «Si tienes que recogerlo, no es Dios. No lo necesitamos». ¿No te alegra que tu Dios nunca te llame y te diga: «Necesito que me recojan hoy»? Adoras a un Dios que te levanta. Que está contigo y al que no le hace falta la ayuda de nadie.

ADORACIÓN VERDADERA, NO MIXTA NI TRANSIGENTE

Como alguien que habla en nombre del cielo y usa su voz para traer el cielo a la vida cotidiana, es importante saber a quién sirves. Es importante saber una verdad indubitable: que no hay otro Dios aparte de él. Necesitarás altos niveles de discernimiento para saber cuándo algo no es, ni tiene que ver, con Dios. Así es como la adoración purifica nuestro corazón y aumenta nuestra conciencia de la gloria de Dios. No puedes ser una voz de Dios y no ser un adorador suyo.

Hace algunos años estaba predicando en India y estábamos orando por algunas personas, cuando se acercó un joven. Comenzamos a orar por él, pero sentimos que algo impedía su liberación. Entonces le preguntamos: «¿Tienes ídolos en tu casa?». Se lo preguntamos porque muchos en India son hindúes y, por lo tanto, tienden a adorar a muchos dioses.

Él dijo: «No, no tengo. Pero mi primo necesitaba un lugar donde quedarse y trajo sus ídolos a la casa».

Así que le dijimos lo siguiente: «Debes sacar esas cosas de tu casa, porque son demoníacas».

Entonces reflexioné en el asunto. Si un amigo mío no tuviera un lugar donde quedarse y sus ídolos dijeran: «Nosotros también necesitamos un lugar para quedarnos», entonces es porque ¡ni él ni sus dioses tienen hogar! De modo que no puede traer a sus dioses derrotados a mi casa. Lo siento.

Nuestro Dios es rico y no necesita que lo alberguemos por algunas noches. Él dijo: «Si yo tuviese hambre, no te lo diría a ti; porque mío es el mundo y su plenitud» (Salmos 50:12, RVR1960). Él dijo: «Porque mía es toda bestia del bosque, y los millares de animales en los collados» (v. 10). Ese es a quien adoramos y es lo que las naciones necesitan saber que es Dios. No podemos activar el cielo en la tierra si somos incapaces de discernir la presencia y la gloria de Dios, o la falta de ella.

Volvamos al caso de los filisteos: Dios comenzó a juzgarlos. La Biblia dice que él «los hirió con *tumores*» (1 Samuel 5:6). *Tumores* es otro término para hemorroides. Toda la ciudad sufrió gravemente de hemorroides. Y en ese entonces, no tenían bálsamos ni pastillas para tratar esa enfermedad. Tampoco existían las farmacias.

Así que dijeron: «Tenemos que sacar esto de aquí».

Entonces enviaron el arca de Dios de regreso a Israel en un carro (1 Samuel 5:11; 6:1-12). Cuando el pueblo de Israel vio venir el carro, se regocijó (v. 13). Como sabemos, el arca de Dios representa la presencia de Dios. Pero no fue entregada de inmediato. La gente se había convertido en adoradores de ídolos y necesitaba arrepentirse. Cosa que hicieron y Dios expulsó a los filisteos de su tierra. Durante los siguientes veinte años, la gente se cansaría de Samuel y exigiría un rey. Samuel ungiría a Saúl para que fuera el primero de ellos. Lucharían contra los filisteos nuevamente, así como contra otras naciones circundantes. Saúl desobedecería a Dios y perdería su trono ante David.

LA DEVOLUCIÓN DEL ARCA

Debido a su amor por la presencia de Dios, David se acordó del arca del Señor y quiso llevarla a Jerusalén (1 Crónicas 13). Sabía que no podía gobernar con rectitud sin la presencia de Dios. Pero llevar el arca a Jerusalén no sería algo fácil, porque una vez más algunos del pueblo fueron desobedientes. Dios había dado el mandato de que el arca se llevara por cierto camino (Éxodo 25:14-15), y la gente tenía que mantener una distancia de un kilómetro entre ellos y el arca (Josué 3:4). El sacerdote incluso la cubrió con tres capas de tela para evitar que la gente la viera (Números 4:4-6, 15, 18-20). Albergaba la gloria manifiesta de Dios.

Sin embargo, ese día Uza pensó que podía mantener firme el arca sosteniéndola con la mano en el carro en el que iba. Pero estaba equivocado; cayó muerto al instante en que la tocó. La Biblia dice que «David tuvo miedo de Dios ese día, diciendo: "¿Cómo puedo traerme el arca de Dios?"» (1 Crónicas 13:12, RVR1960).

Así que la llevaron a la casa de Obed-Edom, y permaneció allí durante tres meses. Luego, la Biblia dice en 1 Crónicas 13:14 que Dios bendijo la casa de Obed-Edom. Esta es una revelación que puedes reclamar para ti: cuando tengas la presencia de Dios en tu casa, serás bendecido. Esto es lo que se conoce como adorador. Esto es lo que declaras como una voz del cielo. Serás bendecido cuando la presencia de Dios esté contigo.

Después de que el arca permaneciera durante tres meses en la casa de Obed-Edom, David regresó para llevarla a Sion. No la llevó de regreso al tabernáculo de Moisés, donde pertenecía. La llevó a Sion. David llevó el arca de Dios a Jerusalén, la puso debajo de una tienda y estableció tres filas de sacerdotes para adorar las veinticuatro horas del día. (Ver 1 Crónicas 16:37-42; 25:1-6). Designó a los levitas para que tocaran instrumentos y alabaran a Dios ante el arca. Sin embargo, el arca de Dios, según la ley de Moisés, estaba destinada a estar en el Lugar Santísimo detrás de la cortina, que estaba en Silo (Genesis 49:10; Josué 1:8).

A menudo me pregunto qué motivó a David a llevar el arca a Sion y a ponerla debajo de una tienda. No creo que él, como profeta de Dios, lo hiciera sin que Dios lo inspirara a hacerlo. Creo que Dios le dio a David la previsión de algo llamado la era del reino, un tiempo en el que el arca de Dios ya no estaría detrás de una cortina, un tiempo en el que el pueblo de Dios tendría acceso a la presencia de Dios en alabanza y adoración.

David estableció esa atmósfera de alabanza y adoración con la ayuda de tres familias proféticas: las familias de Asaf, Hemán y Jedutún. (Ver 1 Crónicas 25:1-6). Cada uno de ellos tenía hijos e hijas que profetizaban con instrumentos musicales, y David les dijo que hicieran eso las veinticuatro horas del día. Cada una de las familias tomaba un turno de ocho horas y en un horario rotativo adoraban y alababan ante el arca de Dios las veinticuatro horas del día, los siete días de la semana. En realidad, la Escritura usa el término profetizar: «Asimismo David y los jefes del ejército apartaron para el ministerio a los hijos de Asaf, de Hemán y de Jedutún, para que profetizasen con arpas, salterios y címbalos; y el número de ellos, hombres idóneos para la obra de su ministerio...» (1 Crónicas

25:1, RVR1960). No se les dijo que se limitaran a tocar. Se les dijo que profetizaran con los instrumentos.

MÁS QUE UNA CANCIÓN

Aquí es donde vemos que David estableció no solo la adoración sino también la adoración profética. David nos muestra que adorar a Dios siempre ha sido más que cantar canciones. Es algo hecho por la unción del Espíritu Santo. Es algo hecho por la unción de Dios. Es algo que llevamos cuando usamos nuestras voces para proclamar el reino y la naturaleza y el carácter de Dios. Es algo que viene cuando el Espíritu de Dios desciende sobre ti. Jesús en Juan 4 le dice a la mujer junto al pozo que llegará el día en que los hombres que adoran a Dios deben adorarlo en espíritu y en verdad. (Ver Juan 4:23).

Por supuesto, se estaba refiriendo al tiempo en que el Espíritu de Dios sería derramado en el día de Pentecostés y los hijos e hijas profetizarían. Así que, cuando Dios te bautiza en el Espíritu Santo, cuando el Espíritu de Dios viene sobre ti, es para que puedas hacer más que hablar en lenguas. Te está dando la capacidad de adorar a Dios de una manera que nunca antes habías adorado. Es poner algo profético en tu vida para que puedas convertirte en un adorador. Tu adoración es tu voz y tu voz es tu adoración.

Dios no te llenó del Espíritu Santo para que intentes impresionar a la gente con lo mucho que hablas en lenguas. Dios te llenó del Espíritu Santo para convertirte en un adorador, porque sabía que, para satisfacerlo realmente a él, necesitas saber lo que le agrada.

¿Cómo sabemos lo que Dios desea? ¿Cómo sabemos las canciones que Dios quiere que cantemos, las palabras que quiere que hablemos, las oraciones que quiere que hagamos, las tareas que quiere que completemos y las vidas que quiere que toquemos? ¿Cómo sabemos qué ofrecerle a Dios? Porque déjame decirte algo: Dios no solo no acepta cualquier. Creemos que podemos ir a la iglesia y darle cualquier cosa. Pensamos que podemos hacer esto o lo otro y decir que Dios lo aprueba, pero él es muy particular acerca de lo que acepta.

LA ADORACIÓN QUE DIOS ACEPTA

¿Sabías que Dios rechaza cosas? Si te han enseñado que Dios no rechaza a nadie, debes leer acerca del rey Saúl. Dios le dijo a Samuel: «Deja de orar, porque lo he rechazado. Encontré un hombre conforme a mi propio corazón». (Ver 1 Samuel 16:1). Lee acerca de Caín; Dios rechazó su ofrenda. Hablo mucho más sobre esto en mi libro *Destruya el espíritu de rechazo*. La conclusión es que Dios no acepta cualquier cosa.

No puedes darle cualquier cosa a Dios y decir: «Aquí está, Dios. Tómalo. Aquí está tu adoración. Estos son mis planes. Aquí está mi ofrenda». Demasiadas personas que tienen buenos ingresos se presentan en el altar con un billete de un dólar tan doblado que el diácono tiene que usar una palanca para abrirlo cuando cuenta el dinero. Simplemente arrojan cualquier cosa en el plato de la ofrenda sin pensar en lo importante que es ese acto. Es como darle a Dios lo mejor de nosotros.

Si nos apegamos a la analogía de dar —porque la adoración incluye cómo damos—, deberíamos considerar lo que muchos gastan en cosas tan irrelevantes como ir a una peluquería o a una tienda donde sabemos que podemos gastar cien dólares, doscientos dólares, incluso trescientos en un arreglo del cabello, en zapatos o en cualquier otra cosa que se nos ocurra. Pero cuando llegamos a la iglesia y el predicador dice: «Ven y bendice al Señor», tratamos de desenterrar un billete de un dólar y nos cuesta sacarlo. Ahora, si eso es todo lo que tienes, esa es una historia diferente. Algunos de nosotros tenemos más, pero no tomamos la oferta en serio.

Dios te da lo mejor. Y te dio lo mejor de ti cuando te dio a Jesús. Así que debes darle lo mejor de ti. No le des nada ni cualquier a

Dios. Eso nunca funcionará si quieres acercarte a él con un verdadero corazón de adoración.

Uno de mis pasajes bíblicos favoritos y al que a muchos cristianos les gusta recurrir es la historia de la viuda y la blanca. (Ver Marcos 12:41-44 y Lucas 21:1-4). La diferencia aquí es que no muchos de nosotros somos viudas. No estamos en la misma situación socioeconómica que ella, por lo que su solvencia económica era diferente a la nuestra. Ella lo dio todo. ¿Estás tú dando todo?

DISCIERNE LO QUE DIOS QUIERE

Ser profético significa más que ser capaz de pronunciar una serie de palabras que llevan cierto sonido y hacen que la gente salte y grite. Los profetas tienen la capacidad de saber qué le gusta y qué no le gusta a Dios. Simplemente lo saben por el Espíritu de Dios. Tienen una unción. Por eso, si eres una persona profética y estás en ciertos ministerios, no sientes nada durante el tiempo de adoración. Verás gente corriendo y peleándose, por lo que pensarás: «¿Estás bromeando? Aquí no hay gloria. Esto es carne». La gente profética sabe y tú puedes saberlo, porque tú también eres profético.

La mayoría de las veces, cuando hayas pasado suficiente tiempo con Dios y hayas llegado a conocerlo a Él y su presencia, sabrás más a menudo cuándo algo es de Dios y cuándo no lo es. Por ejemplo, cuando aparece un falso profeta y comienza a profetizar, sentirás que algo no está bien. Insisto, la gente puede estar peleándose o temblando, pero sentirá que algo no está bien. Sabes que estás pensando y sintiendo de manera diferente a los que te rodean. Puedes sentir todo tipo de demonios en la habitación: Leviatán, Jezabel, brujería, lujuria y perversión.

Como voz del cielo tienes una unción, un fervor, un fuego de santidad que te alerta cuando algo no anda bien. Estás afligido. Estás enfadado. Puedes intentar sacudirlo y seguir el programa por un tiempo, pero al igual que tu Padre celestial, no puedes simplemente aceptar ni ser parte de nada. Incluso puedes pasar tiempo orando por ello. Ese algo que sientes se llama discernimiento.

Es lo que desarrollas a medida que te acercas a Dios y se vuelve más claro cuanto más te pareces a él. Cuanto más te parezcas a él, más amarás las cosas que él ama y más odiarás las cosas que él odia.

Todo puede verse bien por fuera, porque los creyentes son buenos para ser religiosos en la iglesia. Sabemos cómo tener iglesia. Sabemos cantar. Sabemos cómo hacerlo todo. Muchos de nosotros lo hemos estado haciendo durante años. Todo se ve bien y suena bien; todo el mundo está despierto, sonriendo.

La adoración pura no tiene que ver con ser bautista, metodista, católico, carismático o pentecostal. No es nada de eso. La adoración verdadera es en espíritu y en verdad. He estado en iglesias bautistas en las que sentí la unción y he estado en iglesias pentecostales sin sentir nada. La adoración que agrada a Dios no tiene nada que ver con la denominación. Depende del corazón. Depende de la gente. No voy a una iglesia por lo que diga en la puerta. Solo busco la unción de Dios. Busco la gloria de Dios. No estoy buscando quién es el obispo, quién es el pastor ni cuán bonito se ve el edificio. Esas cosas no le hacen ninguna mella a Dios, por lo que no me importan.

CUANDO DIOS SE COMPLACE

Hace algún tiempo estuve predicando en Colonia, Alemania. Colonia cuenta con la catedral gótica más grande de Europa. Cuando vayas a Colonia, esa enorme catedral es uno de los sitios que no puedes dejar de conocer. Domina el horizonte. La construcción tardó 632 años en terminarse, para que sepas que el programa de construcción de tu iglesia no se lleva mucho tiempo. Cuando entras en una catedral, ves que es enorme, oscura y está llena de tumbas de obispos y cardenales. ¿Te imaginas tratar de continuar con tu adoración con una tumba a tu lado?

Por supuesto, es una catedral católica, y han estado orando, cantando y adorando de la misma manera durante el tiempo que tomó construir la catedral. No digo esto para burlarme de la adoración de nadie. Jesús dijo que los que adoran a Dios deben adorarlo en espíritu y en verdad (Juan 4:24), así que cuando hablamos de activar tu voz a través de la adoración, no solo estamos hablando de profetizar. Estamos hablando de la adoración en la que te involucras y que te lleva a un lugar donde la presencia de Dios se convierte en tu morada. Como él habita en medio de tus alabanzas (Salmos 22:3), te sientas y contemplas la hermosura del Señor e inquieres en su templo (Salmos 27:4).

La adoración establece el escenario en el que ocurre el intercambio y Dios te dice cosas grandes y poderosas que no sabes (Jeremías 33:3): soluciones a problemas, estrategias innovadoras, inventos ingeniosos, ideas sobre libros y mucho más. La adoración es el ambiente en el que declaras la gloria de Dios en todo lo que dices y haces.

Y debería ser una experiencia transformadora, en la que el Espíritu de Dios te mueva dentro y fuera del flujo de lo que él está haciendo en tu vida y en las áreas a las que te ha llamado. Él siempre está haciendo cosas nuevas. Crecer en la capacidad de discernir lo que él está haciendo es fundamental para tu llamado. Es por eso que la adoración repetitiva puede ser muy limitante.

No estoy en contra de entonar las canciones que aprendimos únicamente, porque Dios unge las canciones y hay algunas maravillosas que se cantan en las iglesias. Pero llega un momento en que necesitamos estar en la atmósfera acogedora de la adoración profética que está llena del Espíritu Santo, porque despierta el don de Dios dentro de nosotros. David estableció un patrón para la adoración. Eso no lo hizo perfecto, pero hizo que Dios lo llamara un hombre conforme a su corazón. Creó esas tres familias. Buscó algunas personas proféticas que supieran cómo fluir en el Espíritu Santo. No a cualquiera, buscó a algunos Asaf, Hemán y Jedutún porque quería darle a Dios lo mejor. David, como profeta, sabía lo que Dios quería, así que estableció algo que nunca se había hecho en Israel: adoración las veinticuatro horas, profetas y profecía. ¿a dónde te está guiando Dios a establecerte?

Tus dones y tu llamado no pueden prosperar en un ambiente de adoración en el que la gente puede cantar realmente bien pero no tiene un estilo de vida santo. No, necesitas estar rodeado de personas que estén llenas del Espíritu Santo y que sean proféticas. Esa es la atmósfera que activa y agita tu capacidad para escuchar y saber lo que Dios quiere liberar a través de ti. La verdadera adoración profética forja tal clase de amor y deseo por las cosas de Dios que simplemente preguntarás: «Dios, ¿qué quieres? ¿Qué tipo de alabanza deseas? ¿Qué clase de adoración quieres? ¿Qué quieres que te ofrezca, Dios? ¿Qué deseas que diga en esta hora?».

No se trata de un servicio ni de una denominación. No se trata de un himnario. Se trata de Dios. Activar tu voz no tiene que ver con caminar profetizando para todos. No se trata de que andes por ahí tratando de discernir lo que hay en el corazón de cada persona y tratando de encontrar su pecado. Se trata de saber y hacer lo que Dios quiere, lo que le agrada. Y caminarás en este conocimiento no porque seas más inteligente que los demás, sino porque Dios te ha dado una unción, un don para saber cuándo se necesita el arrepentimiento, cuándo se necesita la oración, cuándo se necesita el ayuno. Sabrás cuándo se necesita una palabra de corrección y cuándo el Espíritu de Dios se contrista. Sabrás cuándo Dios está feliz y complacido; y sabrás que con tus palabras podrás llevar a las personas a un lugar en el que también estén alineadas con Dios.

ACTIVA TU VOZ

Si has seguido mi ministerio durante algún tiempo, si has asistido a un servicio en la congregación Crusaders Church o me escuchaste hablar en una conferencia, entonces estás familiarizado con el uso de las oraciones, decretos y declaraciones que hago al final de mis mensajes. También utilizo este patrón en mis libros. Cuando decimos la palabra a la que hemos sido expuestos en un mensaje o que resultó de una revelación personal de Dios, se activa otro nivel de fe en nosotros, y lo que hemos escuchado se arraiga en nuestras vidas. Con mayor fe, hay un mayor nivel de manifestación.

Tenemos el poder de crear con nuestras palabras, tal como lo hace nuestro Padre Dios. Él habló y lo que dijo se hizo. Nosotros hablamos y pasa lo mismo. Nuestro mundo ha sido y está moldeado por palabras.

Tenemos el poder de hablar vida o muerte; tenemos el poder de decir cosas que no eran como si lo fueran. Por eso es tan importante que entendamos no solo cómo activamos el cielo con nuestras palabras, sino también que somos los cielos, tal como lo reveló Pablo. Así que, al llegar a este punto del libro, donde hemos entendido otro aspecto de nuestra identidad en Cristo —cómo responder al llamado, de qué manera se puede manifestar el llamado a «predicar», y la pureza y virtud de la voz del cielo—, es hora de activarse.

En mi libro *Prophetic Activation*, profundizo en el poder y la práctica de la activación, sobre todo en relación con los dones espirituales específicos de la profecía. Mientras hablas, primero escuchas lo que Dios quiere transmitir o ministrar a la gente, ya sea en el hogar, en la industria o en las naciones. Lo que quiero explicar es que activar algo es ponerlo en marcha, dispararlo o ponerlo en movimiento. Las activaciones son ejercicios espirituales que usan palabras, acciones, frases, objetos, versículos de las Escrituras, canciones de adoración, danzas, oraciones proféticas y más para activar los dones proféticos y ayudar a los creyentes en cada área de su vida y ministerio para que se desempeñen libremente y cumplan la comisión de dar a conocer la Palabra de Dios en la tierra. Ya has experimentado algunos de esos ejercicios, cuando leíste los capítulos anteriores.

Las activaciones ponen en acción expresiones proféticas, cánticos y movimientos que traerán una gran bendición a los miembros de las iglesias, los ministerios y el mundo.

Están diseñadas para derribar las barreras que impiden que las personas operen en la profecía. Esas barreras incluyen miedo, duda, timidez e ignorancia. Esto también brindará a las personas la oportunidad de ministrar, algunas por primera vez, en un ambiente seguro y amoroso.

Las activaciones avivan la llama de los ministerios que se han estancado en el flujo profético. Todos necesitamos tiempos de avivamiento. Las activaciones proféticas encenderán a los creyentes y a las iglesias para que se dediquen a profetizar. Las iglesias inmóviles deben ponerse en movimiento. Las activaciones proféticas pueden hacernos mover de nuevo.

> Por eso te recomiendo que avives [avives las brasas, avives la llama y sigue ardiendo] la llama del don [misericordioso] de Dios que recibiste cuando te impuse las manos [con las de los ancianos en tu ordenación].
>
> —2 Timoteo 1:6

El valor de las diversas activaciones es que destruirán tus limitaciones y te darán la capacidad de operar de diferentes maneras. No te limites a tu manera preferida, prepárate para actuar de diversas formas y maneras de operar. La expresión de tus dones nunca debe ser aburrida y rutinaria, al contrario, siempre debe ser emocionante y novedosa. Dios tiene muchas sorpresas para nosotros y lo profético siempre revelará cosas nuevas.

Las activaciones no están diseñadas para convertir a todos en profetas; solo Dios puede llamar y comisionar a un profeta. Las activaciones están simplemente diseñadas para estimular a las personas a crecer en cualquier nivel al que sean llamadas. Puede haber personas que participen y dirijan activaciones que son profetas, algunas que tienen el don de profecía y otras que tienen el espíritu de profecía como resultado de que fueron llenas del Espíritu Santo. Pero también puede haber personas en las activaciones que sean salmistas, juglares, intercesores, consejeros, predicadores, maestros y bailarines. Las activaciones los conmoverán y harán que se muevan más en fe e inspiración. Los siguientes decretos están diseñados para hacer precisamente eso.

DECRETA QUE LIBERAS LA VOZ DEL CIELO

Señor, dame fuerzas para presentar mi destino como la voz del cielo (Isaías 66:9).

Señor, no dejes opere con el espíritu erróneo (Lucas 9:55).

Déjame tener y caminar con espíritu de excelencia (Daniel 6:3).

Señor, despierta mi espíritu para que haga tu voluntad (Hageo 1:14).

Rechazo todo ministerio profético falso, en el nombre de Jesús (2 Pedro 2:1).

Rechazo la boca de la vanidad y la diestra de la mentira (Salmos 144:8).

Rechazo toda visión falsa y toda palabra profética falsa lanzada en mi vida (Jeremías 14:14).

Ato a Satanás, el engañador, para que no libere ningún engaño en mi vida (Apocalipsis 12:9).

Ato y echo fuera todo espíritu de autoengaño, en el nombre de Jesús (1 Corintios 3:18).

Ato y echo fuera cualquier espíritu de hechicería que quiera engañarme, en el nombre de Jesús (Apocalipsis 18:23).

Señor, que nadie me engañe (Mateo 24:4).

Ato y reprendo cualquier hechizo que me impida obedecer la verdad (Gálatas 3:1).

Oro por denuedo para dar a conocer el misterio del evangelio (Efesios 6:19).

Ato y echo fuera cualquier espíritu de Absalón que intente perturbar mi corazón en cuanto al liderazgo ordenado por Dios (2 Samuel 15:6).

Señor, limpia mi vida de faltas secretas (Salmos 19:12).

Señor, que tu secreto esté sobre mi tabernáculo (Job 29:4).

Dirígeme y guíame por amor a tu nombre (Salmos 31:3).

Guíame continuamente (Isaías 58:11).

Guíame a toda verdad (Juan 16:13).

Guíame con tu ojo (Salmos 32:8).

Permíteme guiar mis asuntos con discreción (Salmos 112:5).

Guíame con la habilidad de tus manos (Salmos 78:72).

Guíame por senda llana, a causa de mis enemigos (Salmos 27:11).

No me metas en tentación, mas líbrame del mal (Mateo 6:13).

Guíame y endereza tu camino delante de mis ojos (Salmos 5:8).

Endereza los lugares torcidos y allana los lugares ásperos delante de mí (Isaías 40:4).

Envía tu luz y tu verdad, y deja que me guíen (Salmos 43:3).

_____

Haz de las tinieblas luz delante de mí y endereza las cosas torcidas (Isaías 42:16).

_____

Señor, dame sabiduría en cada una de las áreas donde me falta (Santiago 1:5).

_____

ORACIONES QUE MANIFIESTAN LA REVELACIÓN

Eres un Dios que revela secretos. Señor, revélame tus secretos (Daniel 2:28).

_____

Revélame las cosas secretas y profundas (Daniel 2:22).

_____

Permíteme entender las cosas que se mantuvieron en secreto desde la fundación del mundo (Mateo 13:35).

_____

Que se rompan los sellos de tu Palabra (Daniel 12:9).

_____

Permíteme entender y tener revelación de tu voluntad y tu propósito (Colosenses 1:9).

_____

Dame el espíritu de sabiduría y revelación y deja que los ojos de mi entendimiento se iluminen (Efesios 1:17-18).

_____

Déjame entender las cosas celestiales (Juan 3:12).

_____

Abre mis ojos para contemplar las maravillas de tu Palabra (Salmos 119:18).

_____

Déjame conocer y entender los misterios del reino (Marcos 4:11).

_____

Permíteme hablar con otros por revelación (1 Corintios 14:6).

_____

Revela tus secretos a tus siervos los profetas (Amós 3:7).

_____

Que se manifiesten las cosas ocultas (Marcos 4:22).

_____

Esconde tus verdades de los sabios y prudentes, y revélaselas a los niños (Mateo 11:25).

_____

Deja que tu brazo se revele en mi vida (Juan 12:38).

_____

Revela las cosas que me pertenecen (Deuteronomio 29:29).

_____

Deja que tu Palabra me sea revelada (1 Samuel 3:7).

_____

Que tu gloria se revele en mi vida (Isaías 40:5).

_____

Que tu justicia se revele en mi vida (Isaías 56:1).

_____

Permíteme recibir visiones y revelaciones del Señor (2 Corintios 12:1).

_____

Déjame recibir abundantes revelaciones (2 Corintios 12:7).

_____

Déjame ser un buen administrador de tus revelaciones (1 Corintios 4:1).

_____

Déjame hablar del misterio de Cristo (Colosenses 4:3).

_____

Permíteme recibir y comprender tu sabiduría oculta (1 Corintios 2:7).

_____

No escondas de mí tus mandamientos (Salmos 119:19).

_____

Déjame hablar la sabiduría de Dios en un misterio (1 Corintios 2:7).

_____

Déjame dar a conocer el misterio del evangelio (Efesios 6:19).

_____

Hazme conocer el misterio de tu voluntad (Efesios 1:9).

_____

Abre tus dichos oscuros con el arpa (Salmos 49:4).

_____

Déjame entender tus parábolas; las palabras de los sabios y sus dichos oscuros (Proverbios 1:6).

_____

Señor, enciende mi vela e ilumina mis tinieblas (Salmos 18:28).

_____

Haz de las tinieblas una luz delante de mí (Isaías 42:16).

_____

Dame los tesoros de las tinieblas y las riquezas escondidas en lugares secretos (Isaías 45:3).

_____

Deja que tu vela brille sobre mi cabeza (Job 29:3).

_____

Mi espíritu es la vela del Señor, que escudriña todo el interior del vientre (Proverbios 20:27).

_____

Déjame entender las cosas profundas de Dios (1 Corintios 2:10).

_____

Déjame entender tus pensamientos profundos (Salmos 92:5).

_____

Que mis ojos se iluminen con tu Palabra (Salmos 19:8).

_____

Que mis ojos sean bendecidos para ver (Lucas 10:23).

_____

Quita todas las escamas y las cataratas espirituales de mis ojos (Hechos 9:18).

_____

Permíteme comprender con todos los santos cuál es la anchura, la longitud, la profundidad y la altura de tu amor para que pueda hablarlo y ministrarlo a aquellos a quienes soy llamado (Efesios 3:18).

CAPÍTULO 9

ACTIVA TU VOZ, HAZ QUE SE ESCUCHE

Así pues, lo que yo hablo, lo hablo como el Padre me lo ha dicho.
—Juan 12:50, RVR1960

E N EL CAPÍTULO 6 del libro *Profeta, levántate*, hablo acerca del profeta Jonás. En los primeros tres versículos del Libro de Jonás, él tipifica lo que yo he acuñado como «Jonás, profeta en fuga». Y representa a las personas a las que Dios llama a hablar sus palabras en la tierra para una necesidad, causa o pueblo específico, pero por diversas razones no obedecen en cuanto a entregar la palabra y, por el contrario, tratan de encontrar maneras de esconderse de Dios. Repasemos estos versículos y luego hablaré más sobre el modo en que esta historia se relaciona con tu voz:

> *Vino palabra de Jehová a Jonás hijo de Amitai, diciendo: Levántate y ve a Nínive, aquella gran ciudad, y pregona contra ella; porque ha subido su maldad delante de mí. Y Jonás se levantó para huir de la presencia de Jehová a Tarsis, y descendió a Jope, y halló una nave que partía para Tarsis; y pagando su pasaje, entró en ella para irse con ellos a Tarsis, lejos de la presencia de Jehová.*
> —Jonás 1:1-3, RVR1960

Así que, Jonás era un profeta en fuga. Estaba huyendo de la tarea que Dios le asignó para que fuera a Nínive y les dijera a sus habitantes que se arrepintieran. Él no quiso llevar el mensaje que Dios le dijo que entregara porque sentía que, si les decía que se arrepintieran, los ninivitas acabarían por arrepentirse. Nínive era una ciudad de Asiria y los asirios eran enemigos mortales de Israel. Por lo tanto, a Jonás no le agradaban los ninivitas y quería que el juicio cayera sobre ellos. A diferencia de lo que podemos pensar de los profetas y sus deseos de ver a la gente cambiar de vida, Jonás esperaba que en este caso —con los ninivitas— ocurriera lo contrario para que de hecho no se arrepintieran y así sufrieran el castigo divino. Como se arrepintieron, cosa que no deseaba, se quejó ante Dios al respecto, diciendo:

> *Ahora, oh Jehová, ¿no es esto lo que yo decía estando aún en mi tierra? Por eso me apresuré a huir a Tarsis; porque sabía yo que tú eres Dios clemente y piadoso, tardo en enojarte, y de grande misericordia, y que te arrepientes del mal. Ahora pues, oh Jehová, te ruego que me quites la vida; porque mejor me es la muerte que la vida.*
> —JONÁS 4:2-3, RVR1960

Sí, Jonás realmente estaba resentido por eso. Lo que ello nos muestra es que algunas veces, incluso los llamados por Dios pueden tener problemas personales sin resolver. Hablamos de esto en el capítulo 7, lo importante que es tener paciencia. Jonás no fue muy paciente y, sin embargo, Dios le dio una palabra para que fuera a Nínive. No obstante, en vez de obedecer, huyó de la presencia del Señor y se fue a Tarsis. Y como sabes: Jonás cumplió la orden que Dios le dio después de que lo arrojaron del barco que abordó para ir a Tarsis. Dios había provocado una tormenta terrible y la única forma de salvar a la gente del barco era arrojar a Jonás por la borda. Entonces un gran pez se tragó a Jonás y permaneció dentro de él durante tres días, hasta que el pez lo vomitó en la orilla de Nínive.

Jonás no podía incumplir lo que Dios le había ordenado, así que fue y le entregó el mensaje al pueblo de los ninivitas, y ellos se arrepintieron y se salvaron de la ira de Dios.

De modo que, si has llegado a este capítulo del libro, sabes que tienes un llamado, una asignación para usar tu voz con el fin de hablar del cielo a la tierra; has leído y estudiado; has recibido impartición y has sido comisionado, pero todavía no estás predicando ni proclamando el cielo; esta es una palabra para ti: deja de huir a Tarsis, no le rehúyas a tu asignación. No seas como Jonás, que trató de huir de Dios. Sabes que no puedes dejarlo atrás. No puedes ocultarte de él. ¿Qué tormentas y peces grandes ha puesto Dios en tu camino para que vuelvas a encarrilarte con tu tarea? Si simplemente obedeces, ese gran pez te vomitará para que cumplas con tu tarea.

Hay muchas personas que realmente se alejan de su llamado o de la unción que les es impartida. La misión los intimida. Huyen de ella. No les agrada. No les gusta lo que ven al respecto. No les interesa lo que escuchan. Y a veces, hasta no les gusta el don de profetizar en sí mismo. Por eso huyen del llamado. Pero muchos de ellos aceptarán el llamado divino, obedecerán a Dios y harán lo que este los ha llamado a hacer a medida que descubran más sobre el tema, a medida que se encuentren bajo el liderazgo adecuado para guiarlos y entrenarlos, y a medida que se activen al leer y estudiar, obedeciendo a Dios en vez de huir.

Este libro fue escrito para inquietarte, para hacer que te levantes en obediencia a la inspiración. Fue diseñado para hacerte avanzar más allá de tus miedos, tus dudas o cualquier cosa que intente evitar que seas la voz que Dios te ha instado a ser.

DEJA DE CORRER

¿Estás huyendo de la misión que Dios te dio de hablar la palabra del Señor, de hablar del cielo a la tierra? ¿Estás huyendo de la presencia del Señor? ¿Te estás escondiendo? El Señor te está llamando, pero no serás el primero ni el último. No eres el único al que Dios puede comisionarle una tarea. En cada generación hay profetas Jonás. Hay los que están huyendo de Dios en este preciso instante. Así que no seas un profeta en fuga. Sé el primero en responder al llamado de Dios. Sé el que usará su voz para liberar, sanar y liberar. Has sido llamado a bendecir a tu generación. No corras ni te escondas para rehuir al llamado; acoge ese llamado y obedece a Dios hoy mismo.

Si te rebelas contra Dios o temes lo que implica hablar en nombre del Señor, oro para que la palabra de Dios —en tu corazón— sea como fuego que cala tus huesos. En Jeremías 20:9, el profeta escribió acerca de que se enojó tanto que no quiso hablar más la palabra del Señor debido a toda la oposición que recibió por ser una voz del Señor. Dijo que trató de detenerse, pero la palabra era como «un fuego ardiente que me cala hasta los huesos» (NVI), y no pudo contenerse. Tenía que dar a conocer la palabra del Señor.

Hay mucha gente que dice: «No voy a hablar por Dios porque hay demasiada oposición, demasiada persecución. Si digo esto o aquello, seré rechazado, desechado y olvidado. No quiero que me pase eso, así que me voy a callar y a permanecer en silencio».

Sin embargo, cuando la palabra del Señor se agite dentro de ti, te volverás como Jeremías, que dijo: «Su palabra en mi interior se vuelve un fuego ardiente que me cala hasta los huesos».

No puedes ocultarte de Dios. No puedes esconderte en el fondo de un barco como lo hizo Jonás. No puedes esconderte de la presencia del Señor. Debes levantarte e ir al lugar o a las personas a las que Dios te indica que les des su mensaje. Cuando vayas y prediques la palabra del Señor de la manera en que solo tú puedes hacerlo, los resultados serán asombrosos, tal como lo fueron para Jonás. En la historia pertinente a él, toda la ciudad se arrepintió y se salvó del castigo divino. ¿Puedes imaginarte eso? Toda una ciudad se libró del juicio porque una persona al fin, después de tanto traspiés, obedeció a Dios.

TU VOZ PUEDE SALVAR A TODA UNA GENERACIÓN

El llamado de Dios puede salvar a toda una generación. El llamado de Dios puede salvar tanto a familias como a individuos. Por eso tu llamado es tan importante. Dios tiene una asignación para ti. Dios tiene una palabra que quiere poner dentro de ti, pero no es solo para ti; es para tu generación. Cuando obedeces esa palabra, cuando respondes al llamado, traes salvación, bendición y liberación a las personas a las que Dios te envía, e incluso a las que quizás no te agraden.

¿Y si esas personas no escuchan? Te reciban o no te reciban, puesto que Dios te ha llamado a servirles —ya sea que reciban la palabra o el ministerio que les has traído—, eso queda entre ellos y Dios. El Libro de Ezequiel dice lo siguiente:

> Cuando yo dijere al impío: De cierto morirás; y tú no le amonestares ni le hablares, para que el impío sea apercibido de su mal camino a fin de que viva, el impío morirá por su maldad, pero su sangre demandaré de tu mano.
>
> Pero si tú amonestares al impío, y él no se convirtiere de su impiedad y de su mal camino, él morirá por su maldad, pero tú habrás librado tu alma.
>
> —EZEQUIEL 3:18-19, RVR1960

De modo que, sí, es posible que haya personas que rechacen lo que Dios te ha enviado a decirles o a hacer en su nombre, y pueden terminar siendo juzgados, pero aquellos que lo reciban, Dios los salvará y los librará. No huyas de la tarea que te es asignada ni evadas hacer todo lo que Dios te ha instado a ser y a hacer. Abrázalo y obedécelo, Dios se encargará del resto.

USA TU VOZ PARA ACTIVAR LOS PRINCIPIOS DE DIOS EN CUANTO A TUS FINANZAS

En los últimos años, asistí a una conferencia llamada Fearless Voice, auspiciada por mis amigos LaJun y Valora Cole, que tienen un ministerio con sede en Tampa, Florida. Nunca había estado en una conferencia como esa. El nombre es único. Qué gran visión. Al momento en que escribo este libro, estamos iniciando una nueva década, no otro año, otra década. Y quiero que creas que Dios te hace ver, sobrenaturalmente, algunas cosas que nunca antes has visto.

Prepárate. Empieza a fijar el rumbo no solo para lo que se avecina en los próximos días, meses o incluso este año, sino también para todo lo que vendrá en los próximos diez años. No limites a Dios. Cree que ha de manifestarse algo sobrenatural que afectará tu vida, tu salud, tus negocios, tu ministerio, tus finanzas y tus relaciones. Prosperar en todas las áreas de la vida es parte de la bendición del shalom (paz) que proviene de caminar en pacto con Dios y llegar a un acuerdo con el cielo.

Creo en la riqueza y en la prosperidad. Firmemente. Aquellos que dicen que el dinero no puede hacerte feliz nunca deben haber tenido algo de plata. El dinero no es nuestro amo, por supuesto. Dios lo es. Tener dinero y la sabiduría de Dios con respecto a cómo usarlo es lo que hace que la paz y la prosperidad imperen. Así que entendamos eso. Ahora bien, lo que es cierto es que tener dificultades financieras y estar en quiebra seguramente no te hace feliz.

Dios quiere que disfrutes de la vida y tengas más que suficiente. La fortuna, las riquezas y el gozo son regalos de Dios. Eclesiastés 5:19 dice que Dios da abundancia, riquezas y gozo, lo que apunta a Proverbios 10:22: «La bendición de Jehová es la que enriquece, y no añade tristeza con ella» (RVR1960). Puedes tener dinero y disfrutarlo. Puedes ser feliz y disfrutar de la vida. Puede hacer lo que quieras hacer, ir a donde quieras ir, dar lo que quieras dar, bendecir a quien quieras bendecir, apadrinar a quien quieras apadrinar y disfrutar haciendo todo ello.

Quiero que le creas a Dios. Quiero que declares y sepas que cuando abres la boca, el cielo habla. Por eso, voy a desafiarte a que uses tu voz para hablar sobre tus finanzas. Declara y deja que hable el cielo. Deja que el gobierno de Dios se libere a través de tu voz y sobre tus finanzas sin importar cuál sea tu situación financiera en este preciso momento. La Biblia dice que puedes decretar una cosa y será establecida (Job 22:28). Abre la boca y habla sobre tu dinero, tus cuentas bancarias, tus inversiones, tus bienes raíces. Tal vez incluso mientras lees esto, estas esperando obtener algunas oportunidades u ofertas muy buenas, pero hay oposición contra ti. No quieren dártelo, aunque tienes dinero para comprarlas. Están tratando de ponerte precio. Di en voz alta, ahora mismo: «No me van a dar un precio inalcanzable. No me van a rebajar el precio». Ahora pronuncia esta oración conmigo.

Señor, abro mi boca sobre mis finanzas y sobre mis ofrendas. Decreto riqueza; caudal; prosperidad; abundancia; favor; más que suficiente; incremento; y multiplicación a mis finanzas, mi cuenta bancaria, mis ahorros y mis inversiones. Gracias, Señor, que mientras hablo ahora como un oráculo divino, libero el dominio del cielo sobre mi dinero. Rechazo toda pobreza o carencia, en el nombre de Jesús. Mis finanzas aumentarán cada vez más en los próximos días. Tendré más de lo que necesito, más que suficiente, en el nombre de Jesús. Las semillas de generosidad que siembro se multiplicarán. Cosecharé abundantemente. Una cosecha abundante está llegando a mi vida. Disfrutaré de una buena cosecha en la buena tierra, en el nombre de Jesús. Gracias Señor. Esta es tu palabra que sale de mi boca y se afirma en mi vida. Lo decreto, en el nombre de Jesús. Amén.

QUE SE ESCUCHE LA VOZ DEL CIELO

Al llegar a comprender esta nueva expresión de tu identidad en Cristo, en calidad de «los cielos» de los que hablaron Pablo y el salmista, de ser uno que declara la gloria de Dios, de alguien que —por sus palabras y sus acciones— desata en la tierra las cosas que están desatadas en el cielo, van a surgir dentro de ti la devoción y la unción. La palabra del Señor y el fuego de la compasión por las personas quebrantadas te impulsarán a predicar como nunca antes lo habías hecho; a profetizar a otro nivel; a cantar como nunca antes lo habías hecho; te impulsarán a orar e interceder, para ministrar sanidad y para buscar soluciones como nunca antes lo hiciste. Tu lugar de trabajo, tu iglesia o tu comunidad ganarán una nueva persona contigo. Se encontrarán con alguien que se sienta en lugares celestiales y que vive desde —y en— esa realidad.

Empezarás a hablar en otras lenguas como nunca antes lo habías hecho. Dios está a punto de poner una nueva unción en tu boca, en tus labios y en tu voz. Lo profetizo ahora mismo, en el nombre de Jesús.

Cuando abras la boca, prepárate para ver milagro tras milagro tras milagro, procedentes de lo que hablas. Incluso cuando no tenga ganas de predicar, tu vida será una predicación. Dios te está llamando y diciendo: «¡Predica!». Y predica a tiempo y fuera de tiempo. Cuando el diablo venga contra ti, predica más fuerte, predica más intenso y predica más tiempo.

Declara ahora mismo: «Diablo, no puedes cerrar mi boca. Dios ha ungido mis palabras. Abriré mi boca. Diré lo que Dios dice que diga. Y lo decretaré».

Quiero desafiarte a que te prepares para ver puertas abiertas y nuevos lugares donde nunca antes has predicado. Prepárate para que tu discurso se extienda por toda la tierra. Serás buscado. Te llamarán. Solicitarán tu predicación. Un llamado macedonio está llegando a tu vida. «Ven a Macedonia», te dirán, «ayúdanos, te necesitamos».

NUEVAS VOCES

Cuando Dios me habló sobre este otro aspecto de nuestra identidad en él, me confirmó que no solo se activará tu voz, sino que también levantarás la voz de tus hijos e hijas. Tus nietos van a predicar y a profetizar. Así que está surgiendo otra generación de voces.

Concluyo este libro con la esperanza de que nuestras generaciones presentes y futuras experimenten momentos como los de Joel 2:28 con más frecuencia, en los que los ancianos soñarán sueños y los jóvenes verán visiones, en los que nuestros hijos e hijas profetizarán, trayendo el cielo a tierra.

El mundo necesita que seamos lo que Dios nos ha llamado a ser y, para algunos de ustedes, el enemigo ha atacado su voz no solo espiritualmente sino también a nivel de lo natural. Algunos de ustedes se han sentido muy desanimados. Han sentido que su voz realmente no hace ninguna diferencia. «Nadie me escucha de todos modos», puede que te hayas repetido a ti mismo. O, «No tengo una plataforma. No tengo escenario. No tengo púlpito. No tengo micrófono. Mi voz no es importante». El Señor quiere liberarte y activar tu voz para que prediques a tiempo y fuera de tiempo.

Creo que el Señor me dio esta palabra, *Activa el cielo*, para que veas lo que Dios dice en cuanto a lo que el cielo habla y respecto a ti como «los cielos». Creo firmemente que el Señor quiere que sepas que así como no hay lugar ni frontera que limite la voz de él, tampoco hay límites para tu voz.

Deja que Dios haga sus milagros. El mundo necesita tu voz. El cuerpo de Cristo necesita tu voz. Tu voz es una de las cosas más importantes que Dios te ha dado.

El enemigo quiere cerrarte las puertas, pero Dios dice: «Estoy abriendo puertas que ningún hombre puede cerrar». Abre la boca y activa el cielo. Aleluya.

ORACIÓN PARA ACTIVAR EL CIELO EN LA TIERRA

- *Gracias, Señor, por activar el cielo en la tierra. Deja que el cielo hable. Permite que la voz del cielo se escuche en cada lugar, en cada región, en cada ciudad, en cada casa. Que se escuche la voz del cielo, en el nombre de Jesús, en las calles, en las esquinas de las calles, en las casas de ventas de drogas, en las casas de prostitución. Señor, donde sea que tu voz necesite ir, déjala ir, en el nombre de Jesús. Creo que la activación de tu voz se siente en todas las formas que traen sanidad, bendición y liberación. Amén.*

ORACIÓN CONTRA LOS ATAQUES FÍSICOS A TU VOZ

Padre celestial, como apóstol tuyo, asumo la autoridad sobre todas las faenas del infierno que vienen en contra de tu voz. Decreto sanidad sobre tus cuerdas vocales. Vengo contra la laringitis, la ronquera, la pérdida de la voz y la incapacidad de hablar. Me opongo a ello en el nombre de Jesús.

Reprendo ese espíritu de enfermedad, esos espíritus que atacan tu voz por la noche. Deja que tus cuerdas vocales se suelten en el nombre de Jesús. Oro para que se suelten las cuerdas vocales del cantante.

Vengo contra los demonios que te dan ganas de tartamudear cuando vas a hablar. Los demonios que te hacen sentir que no puedes pronunciar las palabras o que te confunden acerca de lo que necesitas decir, sal en el nombre de Jesús. ¡Suéltalos y vete!

Vengo contra los espíritus mudos que te impiden hablar y predicar.

Vengo contra el espíritu que hace que el miedo te agarre cuando vas a hablar, el espíritu que te hace tener miedo de pararte frente a la gente. Le ordeno a ese demonio del miedo que salga, en el nombre de Jesús.

Demonios que atacan los oídos, la garganta, las amígdalas, la lengua, los senos nasales, la boca, el pecho, los pulmones y el corazón, salgan. Váyanse, en el nombre de Jesús, váyanse y salgan ahora mismo.

Vengo contra cada tarea de brujería que viene a atacar tu voz. Vengo en contra de las brujas y los brujos que hablan en contra de tu ministerio. Brujería, vete. Adivinación y brujería, váyanse.

Decreto sanidad sobre tu voz, tu laringe y tus cuerdas vocales en el nombre de Jesús. Decreto gracia sobrenatural y unción sobre tu voz, en el nombre de Jesús.

DECLARACIONES PARA LIBERARTE DE LAS ARMAS ESPIRITUALES FORJADAS CONTRA TU VOZ

Me libero de cada trabajo de brujería enviado para atacar mi voz.

Destruyo toda maldición pronunciada por brujas, brujos y hechiceros que van en contra de mi palabra, mi mensaje y mi voz. Me libero de ello. Ninguna arma forjada contra mí prosperará, en el nombre de Jesús. Yo hablaré. hablaré con mi voz, en el nombre de Jesús.

No perderé la voz. Mi voz se fortalecerá, en el nombre de Jesús.

JOHN ECKHARDT

ORACIONES QUE ACTIVAN LAS BENDICIONES

JOHN ECKHARDT

ORACIONES QUE DERROTAN A LOS DEMONIOS

JOHN ECKHARDT

ORACIONES QUE MUEVEN MONTAÑAS

JOHN ECKHARDT

ORACIONES QUE REVELAN EL CIELO EN LA TIERRA

JOHN ECKHARDT

ORACIONES QUE ROMPEN MALDICIONES

JOHN ECKHARDT

ORACIONES QUE TRAEN SANIDAD

JOHN ECKHARDT

JOHN ECKHARDT

ORACIONES DESESPERADAS para TIEMPOS DESESPERADOS

PROFETA LEVÁNTATE

JOHN ECKHARDT

Todavía DIOS HABLA

JOHN ECKHARDT

YO SOY SION

JOHN ECKHARDT

CASA CREACIÓN
Para vivir la Palabra

CASA CREACIÓN

Editorial Nivel Uno

PRESENTAN:

Para vivir la Palabra

www.casacreacion.com

Te invitamos a que visites nuestra página web, donde podrás apreciar la pasión por la publicación de libros y Biblias:

www.casacreacion.com

Para vivir la Palabra